First english edition September 2024

THIS BOOK BELONGS TO ....

ALL ABOUT THE QUIET LITTLE PLACE YOU'RE SITTING ON

My name is ....

but I am also called ....

....

I am .... years old.

Most of all, I love ....

My biggest wish is

....

I am located in

....

I prefer to be

....

I'm pretty good at ....

and I am best at ....

Everyone loves me, because

....

3

How this Advent Calendar works

Dear Puzzle Friend,

Welcome to the exciting world of the Puzzle Advent Calendar! Behind each of the 24 doors, you'll find tricky puzzles and humorous surprises, perfect for those quiet moments of the day — or better said: for those very special minutes in your private sanctuary.

Are you ready for a daily dose of brain-teasers? Then get ready for the challenge that awaits you each day. Behind every door lies a puzzle that will test your wits — perhaps even more than trying to find the toilet paper in the dim light.

Remember: Each task in this calendar is like a little piece of Advent — irreplaceable and made to keep you company in those special moments.

We guarantee that not only will you enjoy opening each door, but you'll also find a dose of puzzle fun and laughter with every visit to your private sanctuary.

So, get comfortable, grab this calendar, and look forward to 24 days full of puzzles, fun, and surprising moments.
May your holiday season never be boring again – whether on the toilet or anywhere else!

Have fun puzzling, and a joyful Advent season!

Warm regards,
Philipp Mueller

SUKLOKU

	2		6					3
4				8	3		2	6
			2			7	4	
7	1	9						2
6			3	4		9		
8				2	9			7
			8			3		
							7	
5	7					2	6	4

6			9			3		
				5	7	8	6	
	7				8			4
					4			8
		9	1		2		5	
7	2	6	5			1		3
5		1	7		6			
			8					
				4				6

WORD JUMBLE

Find the correct word by arranging the
letters in the right order.

welBo mentvemo _____

peeWhoo ionCush _____

masChrist stghLi _____

iesokCo _____

tedBloa lyBel _____

rtFa tsPan _____

JOKE QUESTION

Why was the plunger afraid to retire?

It couldn't handle the pressure of a job well dung.

WORD SEARCH

Find the following words::

Adventcalendar
Adventwreath
Christmastree

Nativity
Yuletide
Nativity

Gifting
Carolers
SecretSanta
Incenseman

M	X	H	A	U	Z	U	H	S	M	G	H	M	F	X	N	R	M	E	N	C	N	H	K	H
L	C	B	W	G	G	A	J	X	P	B	B	L	Y	X	Z	T	D	Z	R	T	F	D	D	E
U	N	P	C	W	W	A	X	U	U	Z	D	Y	B	B	O	C	G	W	D	K	E	Q	S	Z
Q	F	J	C	Y	C	L	X	R	B	J	Q	U	U	C	E	X	E	L	M	X	C	I	Z	B
S	C	C	L	L	K	J	C	A	L	Q	X	L	J	W	E	I	V	A	J	Z	S	R	F	M
E	I	I	S	X	N	S	U	J	D	Q	Z	E	H	G	M	W	T	V	T	J	K	S	T	J
A	W	A	N	G	V	S	N	F	T	H	Z	T	N	U	Z	K	Q	Z	T	Z	C	I	K	G
Y	A	D	B	I	I	P	U	E	S	Z	W	I	K	K	L	N	A	T	I	V	I	T	Y	T
Q	W	F	X	S	N	E	A	P	E	M	G	D	O	U	V	T	K	Q	A	V	W	P	H	U
H	L	K	M	Y	C	S	F	Q	S	B	M	E	I	H	S	F	C	D	M	S	Z	D	Z	K
R	U	T	Z	D	E	Q	C	A	R	O	L	E	R	S	L	E	H	J	N	S	Q	N	D	N
S	J	F	D	L	N	B	J	J	D	G	D	U	O	Y	N	F	R	C	J	E	U	A	Q	A
U	Y	M	K	Y	S	N	F	U	P	R	C	W	O	C	K	V	I	J	D	C	T	T	I	D
K	D	T	B	D	E	I	I	V	V	D	Q	Z	O	G	E	O	S	W	M	R	R	I	G	V
Z	D	F	F	C	M	T	B	U	L	Z	I	C	P	I	E	G	T	Z	D	E	S	V	Q	E
S	P	P	U	I	A	D	F	P	S	J	G	E	W	F	N	W	M	W	D	T	Y	I	S	N
D	K	F	A	H	N	Z	U	A	H	S	H	M	H	T	Q	D	A	Q	R	S	V	T	Y	T
U	J	H	F	Q	H	O	Z	M	L	R	V	Y	V	I	O	T	S	W	B	A	X	Y	E	W
I	H	D	O	K	P	W	H	K	M	T	Q	O	W	N	U	J	T	N	V	N	C	J	I	R
R	B	V	B	F	P	X	A	S	D	Z	M	M	V	G	D	M	R	H	U	T	C	G	H	E
S	X	V	U	T	B	U	D	E	N	B	J	T	P	A	K	U	E	T	S	A	Y	Z	K	A
I	Y	O	J	Y	F	B	J	M	A	B	E	V	N	I	X	B	E	A	J	R	I	R	J	T
U	Y	Y	P	B	D	S	R	B	G	H	R	E	S	Y	D	D	W	J	W	Q	M	C	X	H
Z	C	V	P	M	T	P	A	A	D	V	E	N	T	C	A	L	E	N	D	A	R	H	T	D
P	E	K	X	C	H	Q	A	G	D	O	Y	J	F	N	G	S	U	B	F	H	X	Y	E	H

LABYRINTH OF THE SEWER HEROES

SUKLOKU

			4			6	5	8
5			1	7	8			
8	1	2	9		5			
	6							8
	7	9	8	5		1	3	
4			7	6	3			
			6					
			5		1	8	2	
		4					7	

3		6			9			7
	1			6			2	9
	2			3		1		
	6	2				8		5
8						6		4
	3		6	5		7		2
	8			9	4	2	6	3
	5					9		1
	9				1		4	

FIND THE PITFALLS!

	1		1			1	3		
	1	1	1			1			
			1	2	2	2	3	3	
			1	2		1	1		
			1		3	2	1	1	1
			1	2	2	1			
				1		1			
1	1			1	1	1			
	1								
1	1								

1	1	2		1			1	1	1
1		3	3	2	1		1		1
1	2		2		1		1	1	1
	1	2	3	2	1				
		1		1					
		1	1	1					
				1	2	2	1		
	1	1	2	2			2	1	
	1		2		3	3		1	
	1	1	2	1	1	1	1	1	

15

LOGIC PUZZLE

"I only belong to you, but others use
me much more often than you do."

Who poops how?

SUKLOKU

Puzzle 1

		1	4			8	2	6
			1	2	8	3	9	
8		2	3	6	9			5
	1						7	
6	2		7					3
	5	7				6	4	1
		4	2					
7	6					1		
	9				3	7		4

Puzzle 2

8	2			6	9	5		
7			5			1		3
4					3			2
		6	9	4			8	
2	8		3					
			5			1		7
3	4		2	9		6		
	1			3				9
			8	4	7			

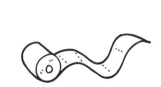

WHAT TO DO IF IT TAKES LONGER?

1

1. Headwear for cold days
2. Neckwear for protection against the cold
3. Protection for the hands against the cold
4. Footwear for winter conditions
5. Insulated pants for winter
6. Footwear worn under shoes
7. Warm jacket for winter
8. Full suit for protection against cold and snow

JOKE QUESTION

Why did the belt get locked up?

For holding up a pair of pants!

WORD SEARCH

Find the following words:

Cookies   Gingerbread   Punch

Roast   Speculoos   Cinnamonstars

Stollen   Mulledwine   Marzipan

Vanillacroissants

R	I	R	L	A	T	B	H	G	N	B	B	A	Y	A	K	S	I	Q	Z	O	P	D	F	A
M	F	V	Y	D	O	M	Y	J	P	E	L	E	A	D	R	G	M	Q	P	H	E	M	T	Z
A	K	A	V	A	N	M	D	D	Z	O	H	F	R	H	Q	U	S	U	Y	J	P	X	I	T
B	B	N	F	G	I	N	G	E	R	B	R	E	A	D	A	L	C	O	O	K	I	E	S	K
V	Z	I	A	T	D	K	P	S	O	M	M	Q	Q	J	J	D	L	N	N	B	B	B	M	W
U	L	L	H	X	E	Z	E	B	V	S	I	S	T	O	L	L	E	N	R	F	D	S	J	V
R	F	L	V	F	W	I	B	Y	T	U	W	L	Z	S	O	R	V	U	E	A	I	R	T	S
E	D	A	H	S	B	M	D	S	W	M	T	B	T	E	E	A	V	Z	I	D	O	V	R	U
D	U	C	M	S	P	L	S	W	V	Y	X	K	L	I	W	H	D	N	Z	I	W	W	E	R
R	C	R	U	J	M	S	O	B	B	X	I	H	W	B	M	U	L	L	E	D	W	I	N	E
Y	C	O	T	Q	S	M	Z	Q	R	Q	U	C	C	B	Z	D	S	O	C	X	I	R	K	G
R	S	I	C	P	P	B	T	A	S	I	M	C	R	K	M	Q	C	U	R	O	A	S	T	C
A	T	S	T	M	S	K	S	Q	R	I	H	I	K	F	U	E	S	P	X	V	A	R	V	F
C	P	S	R	G	U	D	S	P	W	K	Q	N	X	I	T	N	L	B	P	G	F	B	W	X
U	T	A	U	P	P	T	Y	Q	A	V	H	N	P	W	O	V	W	A	A	A	H	U	S	P
G	M	N	T	F	P	L	T	I	F	Z	C	A	U	V	K	D	F	I	G	U	K	A	C	W
X	E	T	Y	A	B	A	P	D	S	W	S	M	V	E	M	D	B	K	E	H	N	H	W	C
M	R	S	K	B	U	G	C	Q	P	Y	V	O	Y	E	A	N	U	L	N	L	S	Y	F	Z
Z	U	Z	F	X	J	J	Z	V	E	D	A	N	C	N	R	F	C	W	X	Y	J	F	E	X
I	Q	Y	B	V	Y	F	E	Y	C	E	Y	S	P	M	Z	R	A	D	P	G	W	X	P	O
S	Z	P	M	R	L	E	T	F	U	R	P	T	D	T	I	F	F	C	R	V	X	A	U	B
M	K	H	S	F	U	U	R	J	L	I	X	A	O	E	P	T	E	Y	H	E	Y	K	N	C
L	U	E	G	X	F	S	Y	A	O	N	F	R	V	X	A	M	B	J	T	O	I	W	C	X
O	T	T	I	N	V	H	B	Q	O	K	P	S	I	Y	N	R	Y	Y	S	Y	W	S	H	U
Z	G	L	F	E	N	T	Y	M	S	X	R	S	X	F	J	C	J	A	A	E	B	A	F	Q

THE GREAT FLUSHING ADVENTURE

SUKLOKU

9		1	3			4	8	
5			7		4		3	
		3			6			5
	3			7	8	1		
1	4							
6	9		2				4	8
			1	8	5	3		9
3							1	4
			6	4			5	

	1	2				4		
		6	8	4	3			
		4			7		3	
	5	3	9	1			6	
6			5				9	4
4			3	6	2			1
			2				8	
2	3					1		9
1	6		4		9	5		3

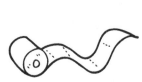

24

FIND THE GIFTS

				1	2			1	
				1		3	2	1	
				1	1	1			
	1	1	1						
1	3		2					1	1
1			2				1	2	
1	3	3	2				1		3
	1		1	1	1	1	1	2	
	1	1	1	1		1		1	1
				1	1	1			

1	1	1	1	1	2	1	1
2		2	2		2		1
	3	3		3	3	2	2
1	2		3		1	1	
	1	2	3	2	1	2	2
		1		1		1	
		1	1	1		1	1

LOGIC PUZZLE
What does the missing figure look like?

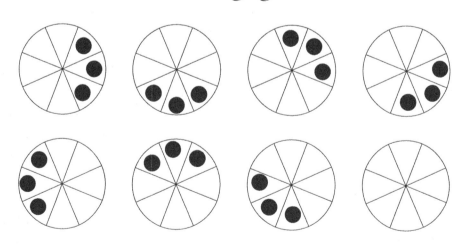

BRISTOL STOOL CHART
What fits together here? Connect

TYPE 1

normal
sausage-shaped, with
cracks on the surface

TYPE 2

soft
lumpy, with
smooth edges

TYPE 3

mushy
lumpy, with
ragged edges

TYPE 4

hard
separate hard lumps

TYPE 5

thin
liquid, no solid pieces

TYPE 6

normal
sausage-shaped, smooth

TYPE 7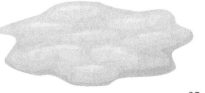

very hard
sausage-shaped, lumpy

SUKLOKU

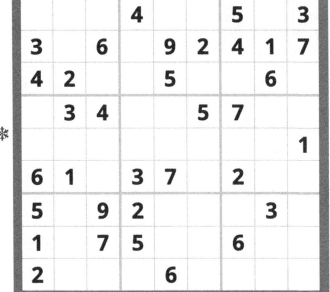

			4			5		3
3		6		9	2	4	1	7
4	2			5			6	
	3	4			5	7		
								1
6	1		3	7		2		
5		9	2				3	
1		7	5			6		
2				6				

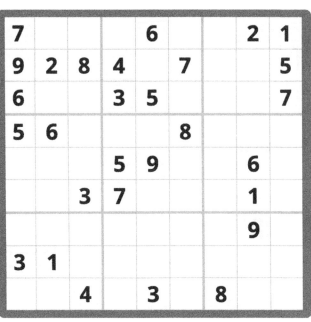

7				6			2	1
9	2	8	4		7			5
6			3	5				7
5	6				8			
			5	9		6		
		3	7			1		
						9		
3	1							
	4			3		8		

WORD JUMBLE

Find the correct word by arranging
the letters in the right order.

taSan usaCl

_____

heaDiarr

_____

entAdv theawr

_____

alinUr

_____

artF inemach

_____

monaCinn

_____

JOKE QUESTION

Why did the golfer bring two pairs of pants?

In case he got a hole in one!

WORD SEARCH

Find the following words:

Fairylights
Christmastree
Baubles

Wreath
Angel
Candles

Stars
Firbranches
Nutcracker
Snowflakes

A	H	O	Z	H	P	W	P	E	I	B	K	R	I	C	W	D	Z	S	P	U	Y	E	I	N
L	F	A	I	R	Y	L	I	G	H	T	S	N	N	C	R	T	L	D	H	E	Y	O	W	W
T	I	I	R	B	F	Z	G	Z	S	T	P	D	H	E	E	O	F	H	E	C	Z	P	G	E
T	E	E	Y	S	Z	Y	Z	C	R	M	L	R	Y	D	A	N	G	P	T	L	Z	T	H	M
O	B	M	G	F	N	X	G	D	V	I	I	I	C	U	T	U	D	Z	E	M	V	L	N	J
B	J	G	I	G	Z	Z	D	R	A	B	Z	O	A	J	H	V	V	Q	N	R	F	S	E	B
P	S	T	M	T	R	O	E	S	R	N	H	X	H	H	A	G	A	T	M	T	X	E	B	N
A	N	M	J	X	K	M	U	P	A	V	D	I	H	E	F	C	A	N	D	L	E	S	G	D
W	O	I	W	H	D	A	K	Z	K	D	S	I	H	X	R	T	O	V	Y	V	R	U	C	D
T	W	L	F	B	J	N	R	Y	Y	F	P	U	P	U	K	B	B	H	B	N	V	L	J	G
V	F	M	M	B	F	G	V	Y	W	I	G	J	R	A	C	C	S	K	A	Q	T	D	R	O
T	L	Z	S	G	Y	E	K	W	I	R	L	O	T	H	T	H	T	A	U	M	S	Y	G	O
C	A	E	J	L	V	L	L	J	W	B	A	G	U	C	J	R	A	B	B	J	E	A	P	L
S	K	Y	M	J	V	P	R	F	I	R	C	Q	Y	X	F	I	R	O	L	X	E	Z	T	A
C	E	O	T	N	A	O	N	J	E	A	O	Q	H	H	T	S	S	N	E	V	Q	L	U	U
Y	S	P	R	C	A	X	S	A	T	N	I	T	M	P	Q	T	U	U	S	R	R	V	O	X
P	S	B	V	X	Q	Q	N	O	C	C	W	X	L	R	I	M	Y	T	J	L	H	C	S	Z
Z	U	I	S	L	X	H	J	Q	D	H	S	K	I	R	K	A	U	C	X	R	C	P	I	S
Y	F	H	R	C	W	G	W	T	E	E	H	K	N	N	M	S	I	R	Q	F	V	P	K	W
T	U	W	Q	K	H	O	M	Z	M	S	P	J	A	Q	C	T	A	A	P	R	U	X	U	N
V	I	X	C	E	V	S	E	G	L	N	Z	Y	F	J	G	R	E	C	D	F	M	S	T	U
G	M	X	E	J	W	L	H	U	A	E	S	T	R	V	E	E	V	K	E	A	A	N	B	V
X	O	H	C	Z	J	Q	Q	E	B	S	O	H	J	E	S	E	C	E	V	J	G	B	U	J
H	Z	C	P	H	E	B	T	K	R	K	C	W	G	J	J	I	R	R	E	D	H	I	W	T
U	Q	N	A	O	N	Q	W	C	S	N	H	I	Z	S	S	R	N	Y	N	U	N	D	E	X

THE FART'S GOTTA GO!

SUKLOKU

2			7		5	1	4	
	1			2		9	5	
	8			4	9			
		5	9		4	2	3	7
	9		5	7				
		4	6	1				
9					6			
		2		5			9	3
		8		9	7	4		

7		5			4

	7			5				4
4	6	3						5
1	5	8			3			
			2	1		9		
7			5					
			1				3	7
6					9	2		1
	9							
5					6	2		9

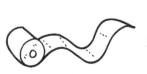

34

FIND THE LANDMINES!

		1	2	2	1			
		1			1			
		1	3	4	4	2	1	
1	1		1				1	
	3	1	1	3	4	3	1	
	1			1		2	1	
2	2	1		1	2		1	

	3		2		1	2	3	
2	4		2		1			2
	2	1	1		1	2	2	1
1	1							
			1	1	1			
			1		1			
1	1		2	2	2			
	1		1		1			

PLEASE PEE WHILE SITTING!

LOGIC PUZZLE
What does the missing figure look like?

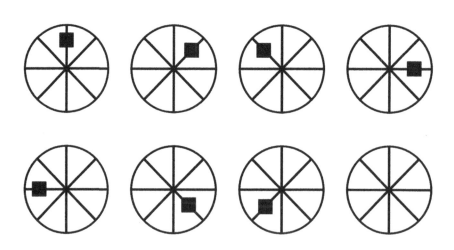

EAGLE EYES NEEDED:
Find the 7 differences.

SUKLOKU

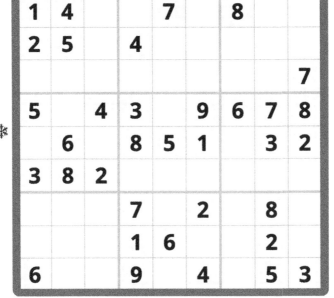

1	4			7		8		
2	5		4					
								7
5		4	3		9	6	7	8
	6		8	5	1		3	2
3	8	2						
			7		2		8	
			1	6			2	
6			9		4		5	3

2					5	6		3
				3			2	
6			4		1	7	5	
5		8	7			3	4	
9						1		
4	1	2		8				
	2				3			6
	4	6	8		7		9	1
	7			4				

WHAT TO DO IF IT TAKES LONGER?

1

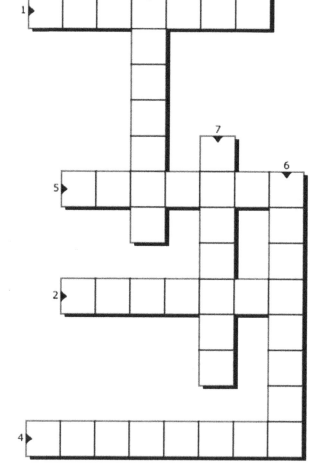

1. Sound caused by escaping intestinal gas
2. Sound that comes from the stomach when burping
3. Colloquial term for the release of gas from the intestines
4. Bubble-like noises in liquids
5. Loud noise caused by a sudden hit
6. Sound of liquid often heard in the belly
7. Sharp noise caused by sudden pressure

JOKE QUESTION

What does a unicorn do on the toilet?

sparkle poops

WORD SEARCH

Find the following words:

Toys
Jewelry
Books

Perfume
Vouchers
Chocolate

Experience
Truffles
Cookies
Calendar

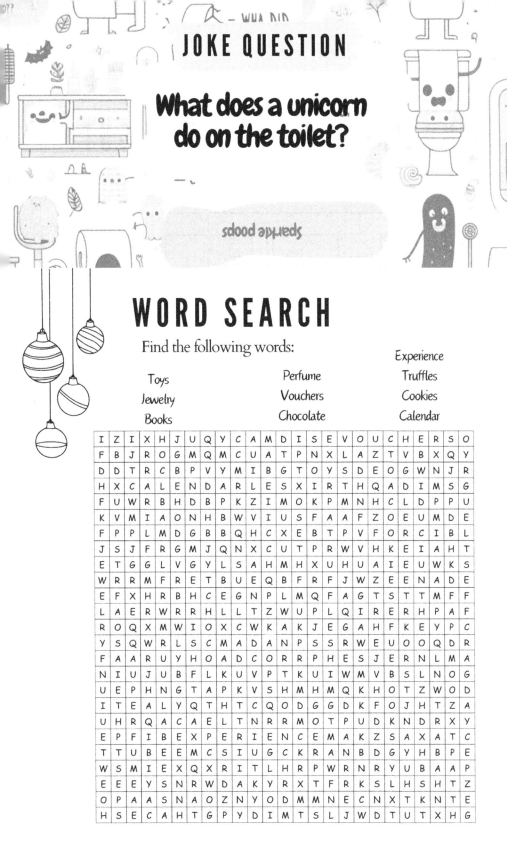

I	Z	I	X	H	J	U	Q	Y	C	A	M	D	I	S	E	V	O	U	C	H	E	R	S	O
F	B	J	R	O	G	M	Q	M	C	U	A	T	P	N	X	L	A	Z	T	V	B	X	Q	Y
D	D	T	R	C	B	P	V	Y	M	I	B	G	T	O	Y	S	D	E	O	G	W	N	J	R
H	X	C	A	L	E	N	D	A	R	L	E	S	X	I	R	T	H	Q	A	D	I	M	S	G
F	U	W	R	B	H	D	B	P	K	Z	I	M	O	K	P	M	N	H	C	L	D	P	P	U
K	V	M	I	A	O	N	H	B	W	V	I	U	S	F	A	A	F	Z	O	E	U	M	D	E
F	P	P	L	M	D	G	B	B	Q	H	C	X	E	B	T	P	V	F	O	R	C	I	B	L
J	S	J	F	R	G	M	J	Q	N	X	C	U	T	P	R	W	V	H	K	E	I	A	H	T
E	T	G	G	L	V	G	Y	L	S	A	H	M	H	X	U	H	U	A	I	E	U	W	K	S
W	R	R	M	F	R	E	T	B	U	E	Q	B	F	R	F	J	W	Z	E	E	N	A	D	E
E	F	X	H	R	B	H	C	E	G	N	P	L	M	Q	F	A	G	T	S	T	T	M	F	F
L	A	E	R	W	R	R	H	L	L	T	Z	W	U	P	L	Q	I	R	E	R	H	P	A	F
R	O	Q	X	M	W	I	O	X	C	W	K	A	K	J	E	G	A	H	F	K	E	Y	P	C
Y	S	Q	W	R	L	S	C	M	A	D	A	N	P	S	S	R	W	E	U	O	O	Q	D	R
F	A	A	R	U	Y	H	O	A	D	C	O	R	R	P	H	E	S	J	E	R	N	L	M	A
N	I	U	J	U	B	F	L	K	U	V	P	T	K	U	I	W	M	V	B	S	L	N	O	G
U	E	P	H	N	G	T	A	P	K	V	S	H	M	H	M	Q	K	H	O	T	Z	W	O	D
I	T	E	A	L	Y	Q	T	H	T	C	Q	O	D	G	G	D	K	F	O	J	H	T	Z	A
U	H	R	Q	A	C	A	E	L	T	N	R	R	M	O	T	P	U	D	K	N	D	R	X	Y
E	P	F	I	B	E	X	P	E	R	I	E	N	C	E	M	A	K	Z	S	A	X	A	T	C
T	T	U	B	E	E	M	C	S	I	U	G	C	K	R	A	N	B	D	G	Y	H	B	P	E
W	S	M	I	E	X	Q	X	R	I	T	L	H	R	P	W	R	N	R	Y	U	B	A	A	P
E	E	E	Y	S	N	R	W	D	A	K	Y	R	X	T	F	R	K	S	L	H	S	H	T	Z
O	P	A	A	S	N	A	O	Z	N	Y	O	D	M	M	N	E	C	N	X	T	K	N	T	E
H	S	E	C	A	H	T	G	P	Y	D	I	M	T	S	L	J	W	D	T	U	T	X	H	G

SWALLOWED?
WHO CAN FIND THE WAY OUT?

SUKLOKU

44

FIND THE GIFTS!

	2		1	2		2		
2	3	1	1	2		2		
	1		1	2	2	1		
1	1		1		2	1	1	
			1	2	3		2	1
1	1			1		2	2	
	1			1	1	1	1	1
1	1		1	1	1			
			1		1			

1	1							
	1							
2	2					1	1	1
	2	1	2	2	4			2
1	3		3					3
	3		4	2	3	4		
	2		2		1	3		
	1	1	1		1		2	

LOGIC PUZZLE

I am a question that you can never
answer with yes! What is it?

EAGLE EYES NEEDED:
Find the 6 differences.

SUKLOKU

Puzzle 1

	2	8	9	6	4	3		5
3		5	8		1		4	
						7		
		1	5					8
6		9		2	8	1		
		3	7			6	5	
			6		3		5	
8				4				
		2				4		

Puzzle 2

7	4				6	3	8	
	3	9	8	1		2		
					3		5	
	6				2	8	1	
		1	4					5
9	2	5		7		6	3	4
		8					6	
2					1	4	7	
					5			

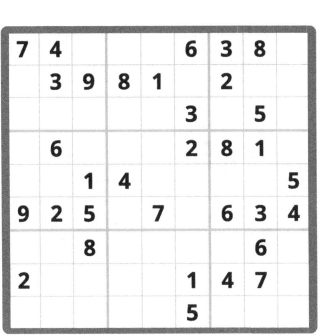 

WORD JUMBLE

Find the correct word by arranging the letters in the right order.

usehoOut

_____

lesCadn

_____

masChrist eetr

_____

etilTo atse

_____

masChrist veE

_____

tionpatiCons

_____

JOKE QUESTION

Why was the toilet always so sad at parties?

Because it was always getting dumped on!

WORD SEARCH

Find the following words:

Clog
Overflow
Papershortage

Splash
Mishap
Plop

Flood
Blockage
Portaloo
Diarrhea

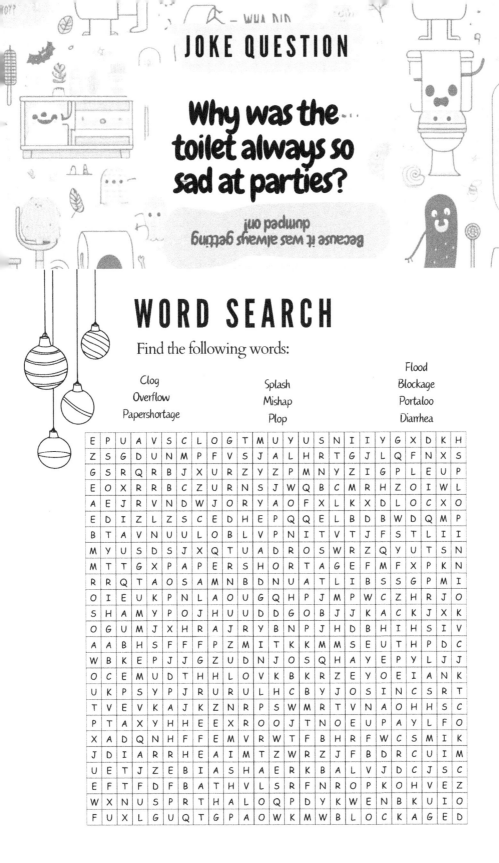

E	P	U	A	V	S	C	L	O	G	T	M	U	Y	U	S	N	I	I	Y	G	X	D	K	H
Z	S	G	D	U	N	M	P	F	V	S	J	A	L	H	R	T	G	J	L	Q	F	N	X	S
G	S	R	Q	R	B	J	X	U	R	Z	Y	Z	P	M	N	Y	Z	I	G	P	L	E	U	P
E	O	X	R	R	B	C	Z	U	R	N	S	J	W	Q	B	C	M	R	H	Z	O	I	W	L
A	E	J	R	V	N	D	W	J	O	R	Y	A	O	F	X	L	K	X	D	L	O	C	X	O
E	D	I	Z	L	Z	S	C	E	D	H	E	P	Q	Q	E	L	B	D	B	W	D	Q	M	P
B	T	A	V	N	U	U	L	O	B	L	V	P	N	I	T	V	T	J	F	S	T	L	I	I
M	Y	U	S	D	S	J	X	Q	T	U	A	D	R	O	S	W	R	Z	Q	Y	U	T	S	N
M	T	T	G	X	P	A	P	E	R	S	H	O	R	T	A	G	E	F	M	F	X	P	K	N
R	R	Q	T	A	O	S	A	M	N	B	D	N	U	A	T	L	I	B	S	S	G	P	M	I
O	I	E	U	K	P	N	L	A	O	U	G	Q	H	P	J	M	P	W	C	Z	H	R	J	O
S	H	A	M	Y	P	O	J	H	U	U	D	D	G	O	B	J	J	K	A	C	K	J	X	K
O	G	U	M	J	X	H	R	A	J	R	Y	B	N	P	J	H	D	B	H	I	H	S	I	V
A	A	B	H	S	F	F	F	P	Z	M	I	T	K	K	M	M	S	E	U	T	H	P	D	C
W	B	K	E	P	J	J	G	Z	U	D	N	J	O	S	Q	H	A	Y	E	P	Y	L	J	J
O	C	E	M	U	D	T	H	H	L	O	V	K	B	K	R	Z	E	Y	O	E	I	A	N	K
U	K	P	S	Y	P	J	R	U	R	U	L	H	C	B	Y	J	O	S	I	N	C	S	R	T
T	V	E	V	K	A	J	K	Z	N	R	P	S	W	M	R	T	V	N	A	O	H	H	S	C
P	T	A	X	Y	H	H	E	E	X	R	O	O	J	T	N	O	E	U	P	A	Y	L	F	O
X	A	D	Q	N	H	F	F	E	M	V	R	W	T	F	B	H	R	F	W	C	S	M	I	K
J	D	I	A	R	R	H	E	A	I	M	T	Z	W	R	Z	J	F	B	D	R	C	U	I	M
U	E	T	J	Z	E	B	I	A	S	H	A	E	R	K	B	A	L	V	J	D	C	J	S	C
E	F	T	F	D	F	B	A	T	H	V	L	S	R	F	N	R	O	P	K	O	H	V	E	Z
W	X	N	U	S	P	R	T	H	A	L	O	Q	P	D	Y	K	W	E	N	B	K	U	I	O
F	U	X	L	G	U	Q	T	G	P	A	O	W	K	M	W	B	L	O	C	K	A	G	E	D

IN SEARCH OF FRESH AIR.

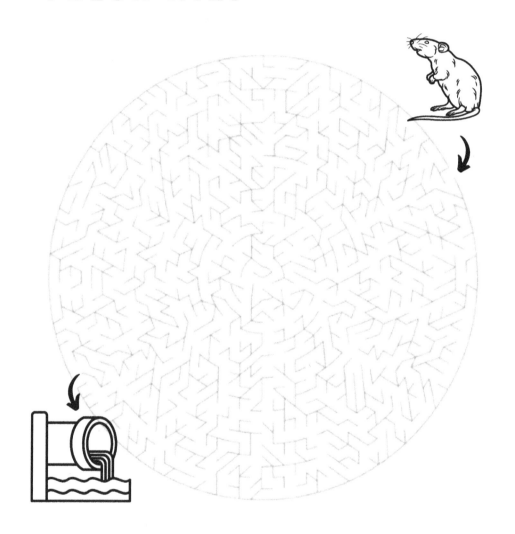

SUKLOKU

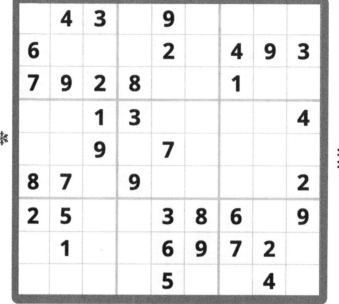

FIND THE LANDMINES!

	1			3		2	1
	1	3	4		3	3	
		1		2	2		3
		1	1	2	2	3	
				1		2	1
		1	1	2	2	2	1
		1		1	1		2
		1	1	1	1	2	

	1		1				
1	2	2	2	1	1	1	1
	1	1		1	2		2
1	1	1	2	2	3		2
1	1	1	1		3	2	1
1		2	2	3		2	1
1	2	3		3	2	2	
	1		3		1	1	1

55

LOGIC PUZZLE

How many white and black squares are shown here?

EAGLE EYES NEEDED
Find the 7 differences.

SUKLOKU

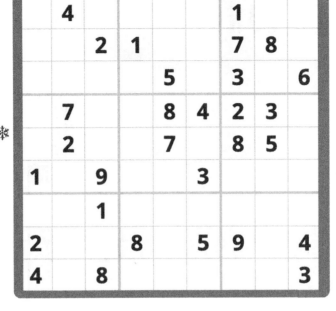

WHAT TO DO IF IT TAKES LONGER?

1

1. Activity on ice with special shoes
2. Winter sport on two skis in the snow
3. Throwing game with frozen snowballs
4. Sliding down a hill on a sled
5. Sporting activity on skis on flat terrain
6. Creative activity of making a figure out of snow
7. Popular hot drink at winter markets
8. Leisure activity at a market during Advent
9. Winter baking activity with sweet pastries

PIPIFAX

SUKLOKU

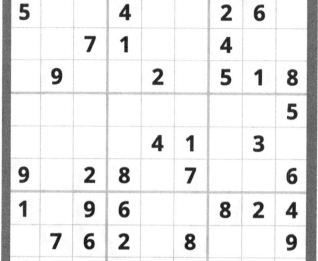

Puzzle 1:

5			4			2	6	
		7	1			4		
	9			2		5	1	8
								5
			4	1		3		
9		2	8		7			6
1		9	6			8	2	4
	7	6	2		8			9
8			5					

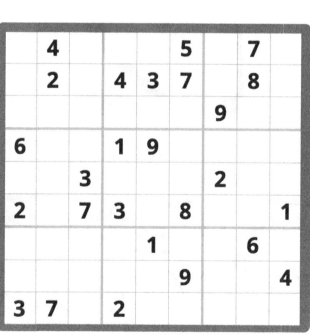

Puzzle 2:

	4				5		7	
	2		4	3	7		8	
						9		
6			1	9				
		3				2		
2		7	3		8			1
				1			6	
					9			4
3	7		2					

64

FIND THE GIFTS!

Grid 1

1	2			1	1	1	1
	2	2	3	2	2		1
1	1	1	3		4	3	2
		1				2	
		1	3	4	3	2	1
			1		1		
			1	1	1		

Grid 2

1	1			1		1	
	1	1	2	4	3	2	
2	2	1				1	
	3	3	3	3	2	1	
2			2	1			
1	2	3		1			
1	1	2	2	2	2	1	1
1			1	1		2		1

LOGIC PUZZLE

Which number is missing? Pay close attention to the symbols and math signs!

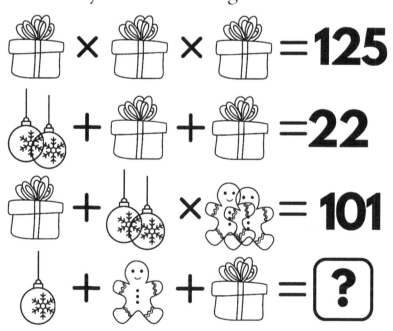

$$\text{gift} \times \text{gift} \times \text{gift} = 125$$

$$\text{ornaments} + \text{gift} + \text{gift} = 22$$

$$\text{gift} + \text{ornaments} \times \text{gingerbread} = 101$$

$$\text{ornament} + \text{gingerbread} + \text{gift} = \boxed{?}$$

EAGLE EYES NEEDED:

Find the 7 differences.

SUKLOKU

6			2					8
2	8	4			3			9
	1		8		9			2
8	2	6		9			3	
7	5						9	
		9				1		5
		2	3		5	4		
	4			2		8		7
5		8	1	7		9		

	4		2		9			
	9					2		
2		6		3		4		8
		1				5	4	
	7		1	5	4	6	8	3
	8	5		7				
3			9				6	
5				1	3			
	2		6				3	

WORD JUMBLE

Find the correct word by arranging the
letters in the right order..

eahrrDia

_____

ckerNutcra

_____

letToi erppa

_____

vityNati neesc

_____

lePi

_____

eerdeinR

_____

JOKE QUESTION

Why did the toilet paper work out at the gym?

To get on a roll!

WORD SEARCH

Find the following words::

Sausagesalad

Poocake

Chocolatefondue

Fartballs

Mudpudding

Flatbread

Chocpile

Dumplingsoup

Beanbake

Hotdog

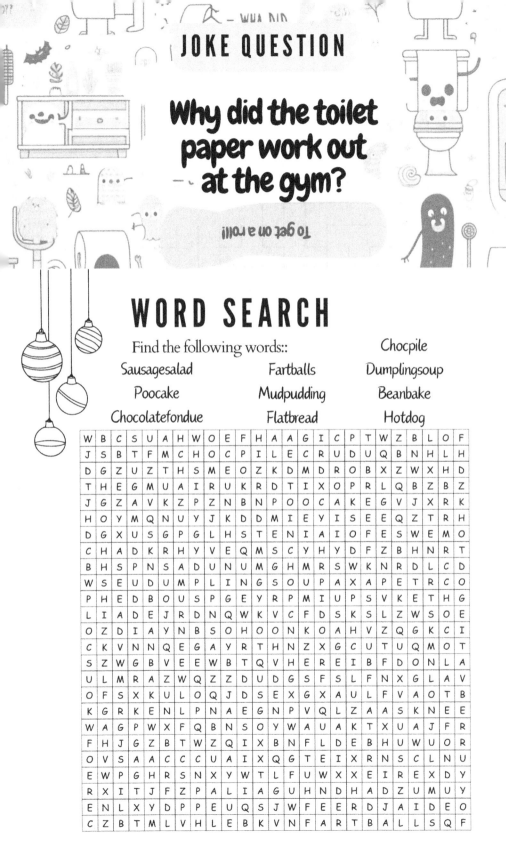

LABYRINTH OF THE SEWER HEROES

SUKLOKU

	5	4			9	8		
2	8	3			1		7	
	1			2				
1	3	9	4					2
4		2	9	6	5	1		
			2		3		9	4
		6						
7	4						6	
3			6	8			4	9

	8	6	4	3		9		
		1	9	8		5		3
	4	3	2				7	8
			3			4	5	
1							3	
	9		7					2
	2	5	1	4			8	
4								5
						1	6	

FIND THE LANDMINES!

	2		2	2	1	1	
1	2	2		2		1	
		2	2	4	2	3	1
		1		2		3	
1	1	1	1	2	2		2
	1				1	1	1
2	2	1	1	1	2	1	1
1		1	1		2		1

		1		1					
		1	1	1					
1	2	2	2	1			1	1	1
	3			1			1		1
	3	2	3	2	1		1	1	1
1	2	1	3		2				
	1		3		2				
	1	1	2	1	1				
1	1	1							
1		1							

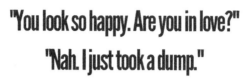

"You look so happy. Are you in love?"

"Nah. I just took a dump."

LOGIC PUZZLE

At red, it means go; at green, it means stop. Who am I?

EAGLE EYES NEEDED:
Find the 7 differences.

SUKLOKU

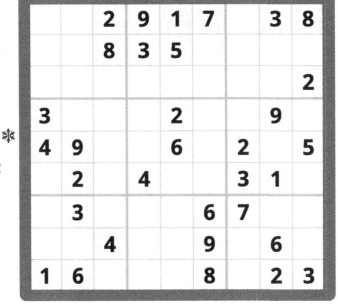

		2	9	1	7		3	8
		8	3	5				
								2
3				2			9	
4	9			6		2		5
	2		4			3	1	
	3				6	7		
		4			9		6	
1	6				8		2	3

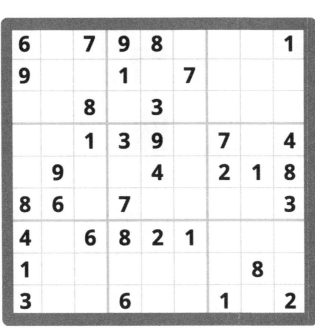

6		7	9	8				1
9			1		7			
		8		3				
		1	3	9		7		4
	9			4		2	1	8
8	6		7					3
4		6	8	2	1			
1							8	
3			6			1		2

WHAT TO DO IF IT TAKES LONGER?

1. Gift giver on December 6th
2. Figure symbolizing the baby Jesus at Christmas
3. Heavenly beings with wings
4. People who tend sheep and appear in the Christmas story
5. Mother of Jesus
6. Father figure in the Christmas story
7. Three wise men from the East who visited Jesus
8. Famous gift giver in a red suit with a beard
9. Animal that pulls Santa's sleigh

JOKE QUESTION

Why do toilets make terrible detectives?

Because they always let the evidence go down the drain!

WORD SEARCH

Find the following words::

Portapotty
Urinal
Ecotoilet

Chemtoilet
Outhouse
Camptoilet

Composttoilet
Standtoilet
Guesttoilet
Forest

M	N	T	O	R	A	S	A	V	I	G	K	H	D	O	J	W	H	D	X	X	M	Q	S	S
N	V	R	E	C	O	T	O	I	L	E	T	I	S	N	R	U	D	Q	R	W	X	R	N	J
S	A	A	K	K	H	T	K	O	F	C	E	U	Q	W	T	U	H	L	P	R	Q	X	C	N
K	D	L	W	B	C	O	M	P	O	S	T	T	O	I	L	E	T	U	S	T	D	Y	A	F
G	W	G	L	H	F	W	U	N	U	S	K	Y	U	U	R	I	N	A	L	Z	M	L	V	J
Y	I	A	B	A	Q	X	U	R	R	P	O	F	Q	D	C	Y	X	N	A	K	E	L	U	B
M	U	O	G	T	A	V	W	S	Y	L	I	N	P	Z	T	S	I	Z	K	O	S	F	Y	E
D	O	S	U	V	E	Y	W	Y	Q	X	P	E	P	L	C	W	F	A	S	B	Q	X	W	S
I	A	R	J	Y	F	X	K	I	H	U	Z	Q	O	Y	I	B	B	V	T	I	Q	W	S	Z
B	T	M	M	M	E	M	W	P	N	V	B	I	R	V	B	C	F	I	A	B	N	N	T	G
L	S	Q	K	W	W	V	W	J	X	K	U	L	T	F	H	E	Z	D	V	R	F	I	A	U
A	D	D	E	H	K	O	M	L	T	N	J	R	A	T	C	L	H	V	Z	I	W	C	N	E
A	I	O	U	T	H	O	U	S	E	U	W	F	P	L	A	P	G	I	V	S	A	A	D	S
K	V	H	D	R	U	K	M	Z	X	Z	C	O	O	A	N	J	E	R	D	I	O	M	T	T
I	K	Z	C	U	I	D	N	R	T	A	H	R	T	P	N	U	A	C	L	X	D	P	O	T
R	C	E	K	G	J	B	L	I	P	E	E	E	T	R	X	D	N	T	C	B	L	T	I	O
D	W	R	V	Y	C	T	G	M	X	O	M	S	Y	P	F	I	X	T	I	V	E	O	L	I
Z	U	K	B	X	B	T	B	I	H	Z	T	T	U	E	D	M	T	V	Q	Y	D	I	E	L
Y	M	U	Q	I	O	U	E	Q	K	W	O	O	V	J	Y	Y	T	H	X	H	N	L	T	E
O	G	D	U	C	U	Q	E	V	X	M	I	T	N	Q	I	L	X	A	T	L	D	E	M	T
C	W	N	H	J	X	G	E	W	G	A	L	J	A	P	G	O	O	K	M	W	N	T	G	U
T	M	E	K	E	J	M	Y	U	O	Z	E	H	N	L	X	M	W	M	F	W	J	G	D	Y
A	K	S	U	W	P	J	B	W	X	G	T	T	R	N	T	G	T	Y	R	P	A	J	W	S
R	V	V	Y	U	K	J	F	D	X	S	Y	U	B	S	Z	Y	A	C	I	L	W	P	Q	C	D
W	Y	O	Z	T	T	X	A	I	C	A	S	D	W	Z	C	U	X	M	W	S	S	E	W	S

THE FART
OBSTACLE COURSE

SUKLOKU

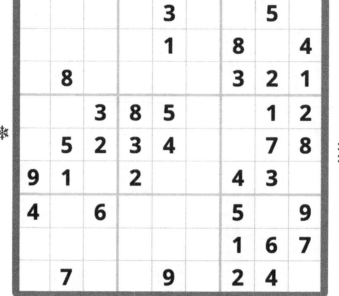

Puzzle 1:

				3			5	
				1		8		4
	8					3	2	1
	3		8	5			1	2
	5	2	3	4			7	8
9	1		2			4	3	
4		6				5		9
						1	6	7
	7			9		2	4	

Puzzle 2:

		7		5	8			
			1				9	
	6		7			8	4	
			9	1	7	2	3	4
7		2	3				8	
9		4	8		6	5		
5	4			7		3		
			4					1
6			1	5	8			

FIND THE GIFTS!

			1		1		
		1	3	3	3	1	1
		1			2		1
1	1	1	2	3	3	2	1
	1		1	3		2	
1	2	1	2			3	1
	1		2	2	3		1
	1	1	1		1	1	1

	2						1	1	1
	2				1	1	2		1
1	1		1	1	2		2	1	1
			1		2	1	1		
			1	1	1		1	1	1
							1		1
1	1						1	2	2
	2	1	1	1	1	1		1	
1	2		1	1		1		2	2
	1	1	1	1	1	1		1	

LOGIC PUZZLE

Draw the squares without lifting the pen. No line can be drawn twice.

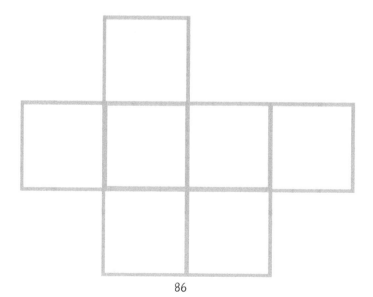

EAGLE EYES NEEDED:
Find the 3 differences.

SUKLOKU

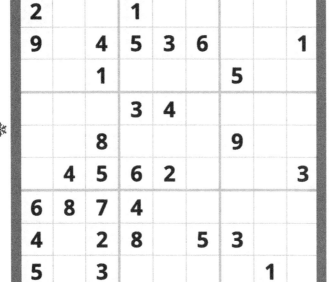

2			1					
9		4	5	3	6			1
		1				5		
			3	4				
		8				9		
	4	5	6	2				3
6	8	7	4					
4		2	8		5	3		
5		3					1	

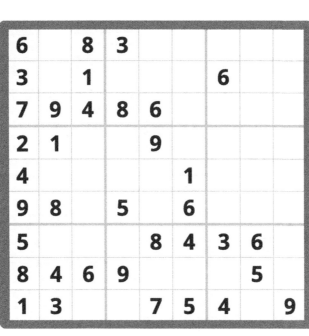

6		8	3					
3		1				6		
7	9	4	8	6				
2	1			9				
4					1			
9	8		5		6			
5				8	4	3	6	
8	4	6	9				5	
1	3			7	5	4		9

WORD JUMBLE

Find the correct word by arranging the
letters in the right order.

todgoH

_____

tsvenAd erndeCal

_____

tsifG

_____

rtaF yob

_____

looscuSpe

_____

tarF eldu

_____

JOKE QUESTION

Why don't toilets ever get tired?

Because they always rest in the bathroom!

WORD SEARCH

Find the following words::

Bloating
Odor
Toiletpapershortage

Bowelnoises
Slipperyfloor
Diarrhea

Toiletclog
Constipation
Stench

Bowelfailure

J	A	D	C	L	E	C	I	G	V	I	R	D	C	A	K	F	I	V	B	X	H	B	L	G
Y	U	P	Q	R	X	B	W	S	R	L	B	V	S	G	Z	O	G	K	T	I	X	O	P	N
E	A	D	V	S	G	P	W	A	R	P	B	F	L	A	X	S	A	F	W	V	P	W	Z	D
M	M	D	M	J	O	P	N	W	I	N	C	O	T	R	K	E	C	Z	T	F	P	E	A	H
U	T	O	I	L	E	T	P	A	P	E	R	S	H	O	R	T	A	G	E	R	L	L	I	U
Z	H	S	Z	U	U	C	W	U	L	I	Q	M	L	L	T	H	U	T	K	N	D	N	G	N
P	D	G	M	I	G	D	D	I	R	A	W	S	U	A	U	S	W	O	K	R	B	O	K	Z
P	I	C	W	P	N	R	K	Q	E	I	X	C	A	U	C	L	F	I	Q	P	U	I	K	E
L	U	U	O	T	N	S	U	Y	O	J	M	C	D	C	R	I	A	A	M	J	H	S	Q	S
H	M	A	U	Q	N	H	I	Q	E	B	Z	A	R	T	D	P	C	R	U	V	V	Y	E	R	L
W	S	K	W	U	G	C	E	I	D	L	I	W	D	N	C	P	T	D	T	A	Q	S	Q	R
W	H	P	X	D	K	A	H	C	T	X	V	Z	Q	L	H	E	D	E	Z	K	R	A	G	D
G	O	A	W	O	A	G	X	U	W	C	I	W	O	O	E	R	A	O	K	Y	G	C	D	S
G	N	G	I	C	F	A	S	C	A	E	C	Z	D	X	X	Y	D	D	X	Q	T	D	E	T
R	A	C	Q	V	W	K	H	V	H	A	F	W	O	K	G	F	C	K	E	Q	O	I	S	E
C	O	N	S	T	I	P	A	T	I	O	N	X	R	G	Q	L	O	S	B	M	I	A	B	N
T	E	A	V	G	O	G	U	J	L	H	R	C	Q	K	Y	O	K	A	U	V	L	R	L	C
S	W	D	T	C	Q	Z	W	O	E	D	V	Y	S	R	S	O	G	D	B	Q	E	R	O	H
G	Z	D	U	H	T	H	F	P	Z	F	N	P	S	O	H	R	O	O	L	S	T	H	A	Q
I	B	I	V	W	I	R	I	K	C	E	E	E	Q	O	I	S	O	H	U	T	C	E	T	R
T	J	S	Z	I	M	C	D	V	J	G	U	C	S	I	F	G	D	T	P	X	L	A	I	O
Z	Z	S	A	Z	G	Q	N	I	I	R	E	Q	K	G	J	E	H	L	N	J	O	S	N	Q
S	B	U	I	Z	Q	P	B	O	W	E	L	F	A	I	L	U	R	E	S	J	G	U	G	C
V	K	B	F	Y	G	D	X	T	M	S	Q	B	M	D	S	O	V	I	Z	X	I	N	K	V
M	H	G	T	H	Q	N	I	S	O	C	T	H	R	L	A	I	Q	A	T	Z	I	U	S	E

IN THE CONFUSION OF PIPES.

SUKLOKU

Puzzle 1

7					5	9	4	
	2		4			1		
8	4			7			3	5
			8		9	6		
	1	8					9	
2			7		4			
9	7	4	1		2		5	
5	8						1	
			5			4	6	

Puzzle 2

3		8	2				5	
				5	6		1	
		6	1				4	
1	6			3		4		2
7			4					6
2		3	9			7		
9	2			4		1	6	3
	4							5
6							9	

FIND THE LANDMINES!

	2				1				
	3		4	1					
	2		3	1					
	1	2		1	1	1	1		
		1	1	1	1		1		
1	1	1				1	2	2	1
2		1					1		1
	3	2					1	1	1
3		1							
	2	1							

			1		2	1			
1	1	1	1	2		2	1		
1		1		2	3		1		
1	1	2	2	3		2	1		
			1		3	2			
		1	3	4		2	1		
			1		3		1		
			1	1	3	2	2		
					1		1		

95

LOGIC PUZZLE

How many squares with a circle can you count?

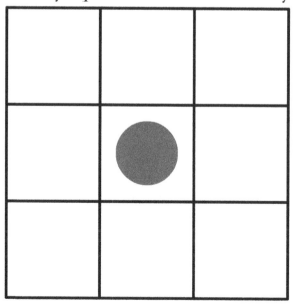

EAGLE EYES NEEDED:

Find the 7 differences.

SUKLOKU

Puzzle 1

	5	6		9		1	7	
			3				2	
7		2		1		9		8
	1		9	8		5	3	
8	7			5		4		
		3		6	4			9
2		5					4	1
1	4			2				
		7	5					6

Puzzle 2

			5			6	9	4
		4		6		3		5
3			8				2	1
	2	5		8	4	9		
8	4		3				1	
		3		2	5		6	
1			4	7				
	7	8				2		
4			9	5	8		3	

WHAT TO DO IF IT TAKES LONGER?

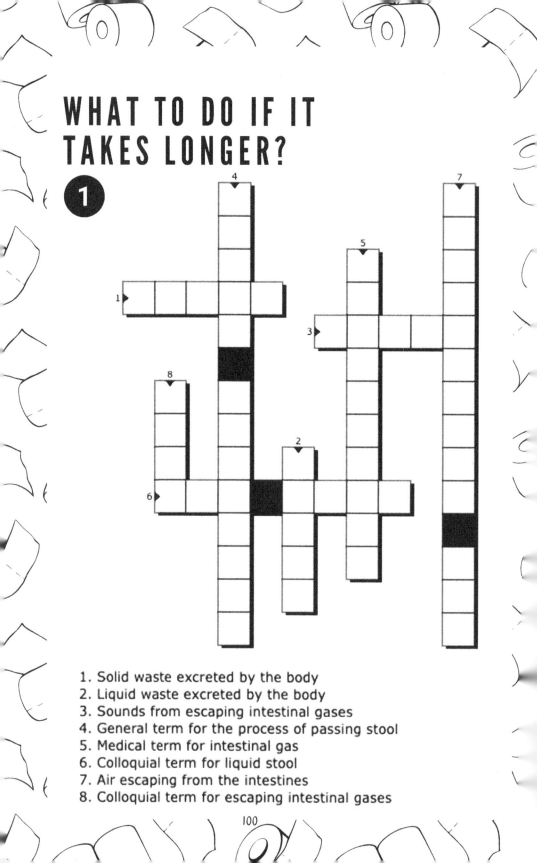

1. Solid waste excreted by the body
2. Liquid waste excreted by the body
3. Sounds from escaping intestinal gases
4. General term for the process of passing stool
5. Medical term for intestinal gas
6. Colloquial term for liquid stool
7. Air escaping from the intestines
8. Colloquial term for escaping intestinal gases

JOKE QUESTION

Why did the toilet paper fail at school?

It couldn't pass a test without tearing up!

WORD SEARCH

Find the following words::

Poop	Fart	Crap
Pee	Runs	Skidmark
Poo	Sausage	Farts
		Vomit

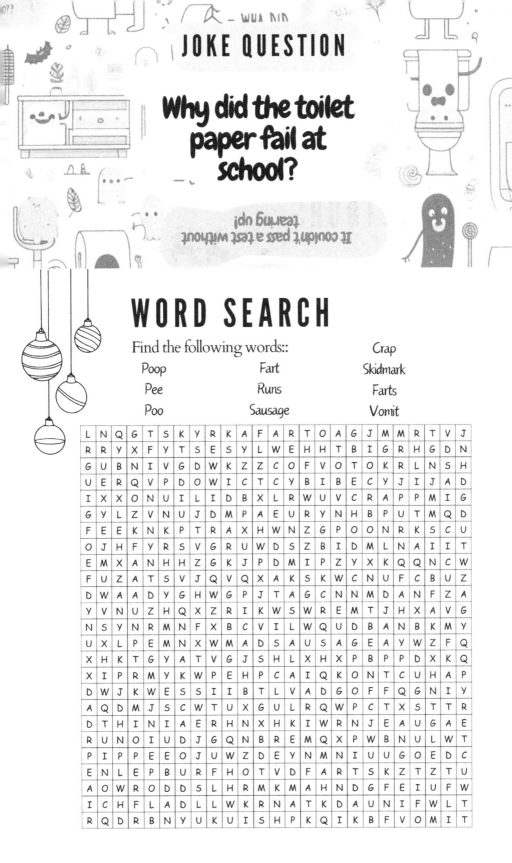

L	N	Q	G	T	S	K	Y	R	K	A	F	A	R	T	O	A	G	J	M	M	R	T	V	J
R	R	Y	X	F	Y	T	S	E	S	Y	L	W	E	H	H	T	B	I	G	R	H	G	D	N
G	U	B	N	I	V	G	D	W	K	Z	Z	C	O	F	V	O	T	O	K	R	L	N	S	H
U	E	R	Q	V	P	D	O	W	I	C	T	C	Y	B	I	B	E	C	Y	J	I	J	A	D
I	X	X	O	N	U	I	L	I	D	B	X	L	R	W	U	V	C	R	A	P	P	M	I	G
G	Y	L	Z	V	N	U	J	D	M	P	A	E	U	R	Y	N	H	B	P	U	T	M	Q	D
F	E	E	K	N	K	P	T	R	A	X	H	W	N	Z	G	P	O	O	N	R	K	S	C	U
O	J	H	F	Y	R	S	V	G	R	U	W	D	S	Z	B	I	D	M	L	N	A	I	I	T
E	M	X	A	N	H	H	Z	G	K	J	P	D	M	I	P	Z	Y	X	K	Q	Q	N	C	W
F	U	Z	A	T	S	V	J	Q	V	Q	X	A	K	S	K	W	C	N	U	F	C	B	U	Z
D	W	A	A	D	Y	G	H	W	G	P	J	T	A	G	C	N	N	M	D	A	N	F	Z	A
Y	V	N	U	Z	H	Q	X	Z	R	I	K	W	S	W	R	E	M	T	J	H	X	A	V	G
N	S	Y	N	R	M	N	F	X	B	C	V	I	L	W	Q	U	D	B	A	N	B	K	M	Y
U	X	L	P	E	M	N	X	W	M	A	D	S	A	U	S	A	G	E	A	Y	W	Z	F	Q
X	H	K	T	G	Y	A	T	V	G	J	S	H	L	X	H	X	P	B	P	P	D	X	K	Q
X	I	P	R	M	Y	K	W	P	E	H	P	C	A	I	Q	K	O	N	T	C	U	H	A	P
D	W	J	K	W	E	S	S	I	I	B	T	L	V	A	D	G	O	F	F	Q	G	N	I	Y
A	Q	D	M	J	S	C	W	T	U	X	G	U	L	R	Q	W	P	C	T	X	S	T	T	R
D	T	H	I	N	I	A	E	R	H	N	X	H	K	I	W	R	N	J	E	A	U	G	A	E
R	U	N	O	I	U	D	J	G	Q	N	B	R	E	M	Q	X	P	W	B	N	U	L	W	T
P	I	P	P	E	E	O	J	U	W	Z	D	E	Y	N	M	N	I	U	U	G	O	E	D	C
E	N	L	E	P	B	U	R	F	H	O	T	V	D	F	A	R	T	S	K	Z	T	Z	T	U
A	O	W	R	O	D	D	S	L	H	R	M	K	M	A	H	N	D	G	F	E	I	U	F	W
I	C	H	F	L	A	D	L	L	W	K	R	N	A	T	K	D	A	U	N	I	F	W	L	T
R	Q	D	R	B	N	Y	U	K	U	I	S	H	P	K	Q	I	K	B	F	V	O	M	I	T

WRONG TURNS
AND DETOURS.

SUKLOKU

Puzzle 1

1		6	3				5	
8	9	4	7		1		2	
5	3	2		6		7		
4	2	1	8		9			
	8	3		2				
			4	3		2		
7			3	6				8
			5					
2	1					4	6	3

Puzzle 2

9		2				4		
						7		
5	4							8
8	9	4						7
1		5		6		9		
	2		3		4	5	8	
7	6			4		1		9
		9	2	3	1			6
	8	1	9					

FIND THE GIFTS!

		1	1	1					
		1		1	1	2	2	1	
		1	2	2	3			1	
			1		3		3	1	
			1	1	2	1	1	1	1
		1	2	2	1			1	
		1			1			1	1
1	2	2	3	3	2	1			
	2		1	1		1			

							1		1
					1	1	2	1	1
					1		3	2	1
			1	1	2	2			1
	1	2			1	1	2	2	1
	1			2	1			1	1
1	3	2	2					2	
	2			1				2	
1	2	1	1					1	1

A man comes to the doctor, completely distressed, and says:
"Doctor, I haven't had a bowel movement in days."
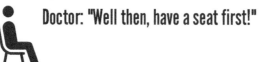
Doctor: "Well then, have a seat first!"

LOGIC PUZZLE

"I am the beginning of the end, and the start of everything. I appear in eternity and end in solitude. What am I?"

EAGLE EYES NEEDED:
Find the 7 differences.

SUKLOKU

Puzzle 1

		4		3				
2		1						
9	3	6				7		
4		9	3			1		6
	6					8	3	4
			4	6			2	9
					2	4		
		1	9	8		6		
	7					2		

Puzzle 2

	5	4	7	3				2
	6		2				5	7
		1	5					
5		7	6		4			
4		9	3	1	7	2		
		1	2					
9		8	7		1	4		
		9	3					
6	7		4				1	9

WORD JUMBLE

Find the correct word by arranging the letters in the right order.

anmnowS

_____

inkSt bmbo

_____

onteSll

_____

tarF yob

_____

ytvitiNa aypl

_____

nyRun popo

_____

JOKE QUESTION

What do parents and toilet paper have in common?

They both deal with a lot of crap.

WORD SEARCH

Find the following words::

Poop
Fart
Dump

Turd
Dookie
Stinker

Gas
Log
Numbertwo
Bowelmovement

K	E	S	U	I	C	L	G	K	Y	Y	L	M	F	K	R	D	S	F	M	Z	W	S	C	S
I	S	Q	I	T	B	A	L	I	F	R	V	K	T	C	O	B	A	X	X	X	B	Z	W	F
L	T	V	S	I	I	Q	Y	S	I	T	R	T	N	L	T	O	R	C	G	U	I	Z	Z	Z
Q	I	U	M	P	G	L	P	H	B	U	Q	Q	V	O	H	W	F	V	V	B	C	E	W	Y
R	N	Z	T	E	Y	R	X	G	O	F	I	P	I	R	O	E	P	U	D	N	B	T	L	T
S	K	E	Z	T	R	F	E	X	A	Q	I	G	P	M	Q	L	H	L	R	U	D	G	M	K
J	E	S	F	H	D	L	H	K	O	J	R	K	H	R	Q	M	O	K	M	M	S	A	R	T
I	R	Y	W	Y	V	N	Q	R	M	R	A	O	T	Q	X	O	Z	W	Z	B	Z	S	F	O
J	C	X	O	Z	F	A	C	A	V	K	D	I	A	P	S	V	U	G	C	E	S	C	Q	X
P	O	O	P	V	J	O	T	O	G	F	U	S	O	N	X	E	O	R	L	R	X	G	D	L
V	V	D	B	F	A	R	T	Q	Z	C	Q	E	H	C	P	M	A	S	S	T	P	R	A	U
C	H	U	R	K	V	Q	D	Y	B	D	L	J	Y	R	X	E	U	S	K	W	S	T	U	Q
R	L	M	V	L	G	G	X	N	F	T	V	M	G	N	C	N	T	H	R	O	E	X	E	F
L	Y	P	Z	Y	J	N	W	N	Y	J	R	H	T	A	U	T	D	T	U	R	D	A	W	W
O	O	F	U	A	M	O	F	N	F	D	Y	K	N	F	A	T	S	W	Q	G	O	E	I	Z
G	X	J	E	A	J	V	Z	A	T	N	R	G	P	N	E	L	T	N	K	K	R	H	B	J
W	N	Z	S	Y	T	S	Z	S	R	A	I	B	R	A	P	N	T	A	N	A	E	N	U	B
S	Z	E	T	K	G	Y	N	B	N	Q	U	F	Q	O	W	U	W	E	T	V	L	T	H	X
J	R	Z	S	G	G	L	S	D	G	Y	W	U	W	P	K	J	D	K	E	P	R	K	Y	X
N	M	U	K	Y	R	V	L	N	S	E	Y	L	E	A	V	P	A	V	T	F	F	H	K	L
H	D	T	C	X	R	R	O	U	H	Z	D	O	O	K	I	E	G	R	W	S	W	T	O	W
V	C	I	H	U	A	X	I	Z	T	U	R	F	K	R	R	U	W	J	A	D	M	R	R	X
H	D	E	O	X	I	Z	C	U	F	T	S	B	G	B	Z	E	L	M	H	I	K	O	B	W
R	S	X	L	N	F	H	U	I	H	I	M	I	Q	V	G	Y	F	S	Y	A	H	N	R	Q
B	N	D	E	E	F	G	K	V	H	X	D	O	R	Q	E	J	N	M	P	O	K	I	Z	J

THE BIG BUSINESS –
LOST IN THE MAZE

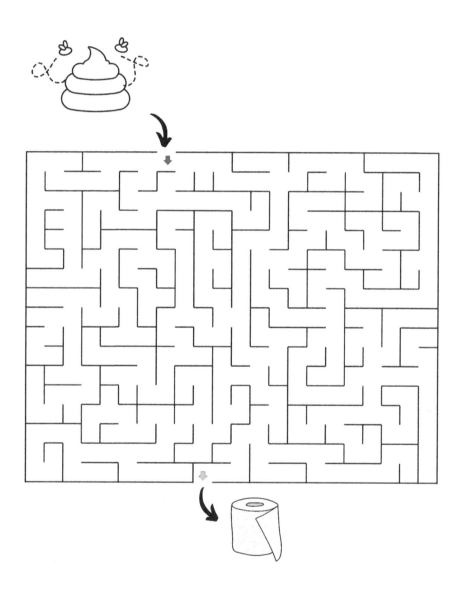

SUKLOKU

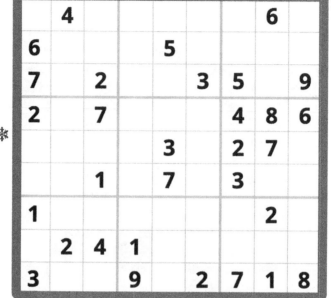

	4						6	
6				5				
7		2			3	5		9
2		7				4	8	6
				3		2	7	
		1		7		3		
1							2	
	2	4	1					
3			9		2	7	1	8

						8		
	8		5		3			6
			2	8	4	1	3	
1				6	2			7
	2	8	1	9	5	4		3
	6	5	4				8	
						9	2	4
								8
		3		2			7	5

114

FIND THE LANDMINE!

2		1			1		1	
	2	1			2	2	2	
1	1	1	1	1	1		1	
		1		1	1	2	2	1
		1	2	3	2	2		1
1	1		1			2	1	1
	2		2	3	3	1		
	2		1		1			
1	1		1	1	1			

				1			1	1	
				1	2	3	3	3	2
				1					1
				2	3	3	1		
				1			2	1	
1	1	1		1	1	2			
1		2	1	1			1	1	
1	1	2		1					
	1	1	2	1	1				
			1	1					

...yourself just now

Draw a picture of...

...your most beautiful business

Draw whatever you want...

EAGLE EYES NEEDED
Find the 7 differences.

SUKLOKU

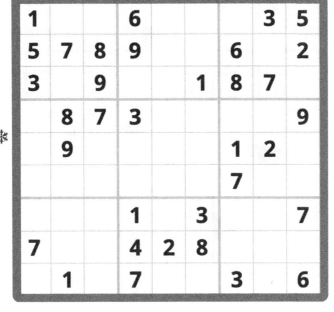

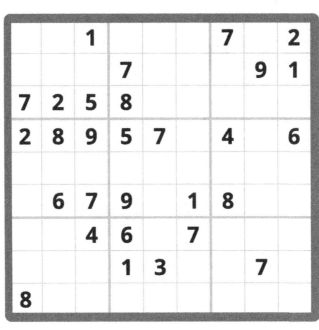

WHAT TO DO IF IT TAKES LONGER?

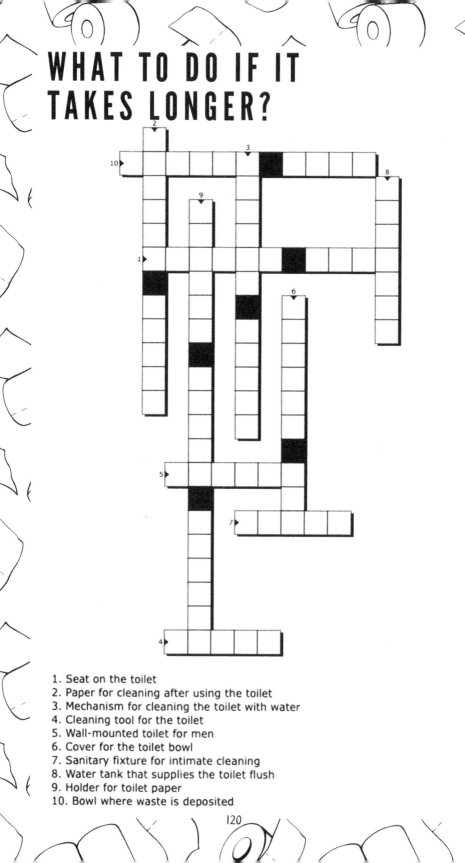

1. Seat on the toilet
2. Paper for cleaning after using the toilet
3. Mechanism for cleaning the toilet with water
4. Cleaning tool for the toilet
5. Wall-mounted toilet for men
6. Cover for the toilet bowl
7. Sanitary fixture for intimate cleaning
8. Water tank that supplies the toilet flush
9. Holder for toilet paper
10. Bowl where waste is deposited

FACT

Christmas is coming soon!

WORD SEARCH

Find the following words::

Fartboy
Rumblewagon
Fartcloud

Fartnado
Firecrackers
Fartattack

Thunderfart
Gasinfemo
Fartcannon
Gassmaster

E	Q	F	B	F	N	D	N	C	D	H	G	A	S	I	N	F	E	R	N	O	M	T	E	Y
P	T	M	K	J	N	U	I	T	H	R	Y	V	S	K	Q	H	P	F	U	G	S	T	A	C
S	T	Z	V	V	V	L	S	P	T	Q	M	W	B	C	U	T	P	P	U	E	O	D	L	H
U	H	F	R	O	F	P	E	U	A	V	X	D	W	L	A	R	D	M	B	C	D	N	B	V
K	Z	A	P	T	A	N	V	U	M	F	H	C	N	L	O	R	G	O	I	Y	A	R	P	G
S	L	R	C	T	R	A	B	R	Z	C	V	X	Z	Y	R	S	I	I	S	I	C	N	A	C
I	F	T	J	S	T	L	E	E	Q	N	A	V	D	L	S	T	F	V	J	W	W	S	J	B
T	N	C	R	U	N	T	X	N	F	I	R	E	C	R	A	C	K	E	R	S	I	W	T	D
S	G	A	S	M	A	E	O	B	P	U	P	Z	L	H	A	K	M	R	B	Z	T	U	M	L
U	D	N	O	Q	D	H	R	S	M	C	N	V	D	Z	N	P	C	J	Y	T	R	F	X	H
S	J	N	D	V	O	X	C	M	F	A	R	T	B	O	Y	Z	B	W	P	W	X	T	P	C
C	K	O	E	N	O	H	R	S	D	H	J	S	W	J	Y	Q	X	J	Q	I	V	K	H	D
D	E	N	M	F	A	R	T	C	L	O	U	D	A	Z	P	W	H	G	J	R	U	I	V	Z
A	I	X	U	B	G	B	H	T	F	E	N	B	W	T	E	S	E	A	A	R	F	T	R	C
T	H	U	N	D	E	R	F	A	R	T	E	K	N	O	G	A	G	S	D	P	R	G	V	E
I	U	Q	X	X	B	P	A	S	F	T	V	J	W	C	T	K	U	S	S	Y	U	P	Z	L
W	W	F	A	R	T	A	T	T	A	C	K	T	N	T	V	I	A	M	T	M	M	M	L	Q
A	V	L	Y	B	I	Y	P	B	E	H	I	R	Z	U	V	H	L	A	I	Z	B	S	J	F
T	P	U	K	S	V	L	T	L	F	G	O	E	L	N	B	O	O	S	F	W	L	I	J	J
F	C	P	V	E	H	S	S	I	U	I	Z	R	U	W	L	L	F	T	H	V	E	C	I	O
W	E	W	H	T	G	Z	I	M	X	G	R	D	D	J	R	M	L	E	J	Z	W	D	J	M
M	D	X	O	R	Y	I	U	P	N	R	H	R	S	A	K	H	G	R	G	T	A	U	U	Y
X	Y	I	T	U	I	V	T	T	T	O	H	H	K	N	U	V	M	O	O	T	G	Q	O	B
V	W	Q	K	S	J	G	S	G	V	M	U	W	B	Y	K	S	E	H	S	A	O	U	E	B
I	P	H	V	V	S	N	Y	A	B	W	V	I	N	Z	J	X	V	U	P	J	N	Z	L	H

CHRISTMAS
MIRACLE MAZE.

SUKLOKU

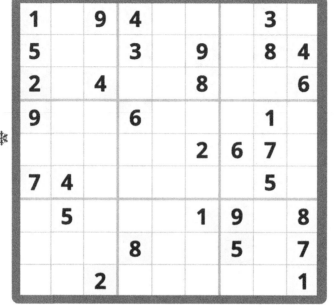

1		9	4				3	
5			3		9		8	4
2		4			8			6
9			6				1	
					2	6	7	
7	4						5	
	5				1	9		8
			8			5		7
		2						1

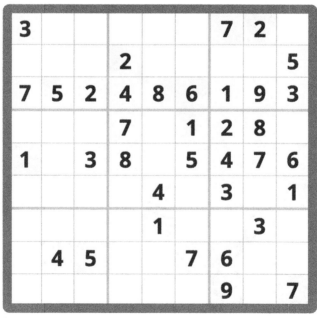

3						7	2	
				2				5
7	5	2	4	8	6	1	9	3
			7		1	2	8	
1		3	8		5	4	7	6
				4		3		1
				1			3	
	4	5			7	6		
						9		7

FIND THE GIFTS!

2		2	1	1	2	2		1
3		3	1		2			2
2		2	1	1	2	1	1	
1	1	1						
		1	1	1				
		1		1			1	1
1	1	2	1	1			1	
1		1	1	1	1		1	1
1	1	1	1		1			

| | | | | | | | |

		1	1	1		1	
1	1	2		1		1	1
2		3	1	1		1	1
3		3				1	
3		2				2	2
	3	2	1			1	
2	3		1			1	1
	2	1	1				

LOGIC PUZZLE

What is the result of the final equation? Pay close attention to the representations.

$$\text{💩} + \text{💩} + \text{💩} = 12$$

$$\text{🚽} + \text{💩} + \text{🚽} = 8$$

$$\text{🧻🧻} + \text{💩} + \text{🚽} = 12$$

$$\text{🚽} + \text{💩} + \text{🧻} = \boxed{?}$$

THE JOY OF CHRISTMAS GIFTS.

What happens at which Christmas dinner?

SOLUTIONS

ADVENT CALENDAR

1	2	7	6	9	4	5	8	3
4	9	5	7	8	3	1	2	6
3	8	6	2	1	5	7	4	9
7	1	9	5	6	8	4	3	2
6	5	2	3	4	7	9	1	8
8	3	4	1	2	9	6	5	7
2	4	1	8	7	6	3	9	5
9	6	3	4	5	2	8	7	1
5	7	8	9	3	1	2	6	4

6	8	4	9	1	3	7	2	5
3	1	2	4	5	7	8	6	9
9	7	5	2	6	8	3	1	4
1	5	3	6	7	4	2	9	8
8	4	9	1	3	2	6	5	7
7	2	6	5	8	9	1	4	3
5	3	1	7	9	6	4	8	2
4	6	7	8	2	5	9	3	1
2	9	8	3	4	1	5	7	6

welBo mentvemo — Bowel movement

peeWhoo ionCush — Whoopee Cushion

masChrist stghLi — Christmas Lights

iesokCo — Cookies

tedBloa lyBel — Bloated Belly

rtFa tsPan — Fart Pants

LABYRINTH OF THE SEWER HEROES

M	X	H	A	U	Z	U	H	S	M	G	H	M	F	X	N	R	M	E	N	C	N	H	K	H
L	C	B	W	G	G	A	J	X	P	B	B	L	Y	X	Z	T	D	Z	R	T	F	D	D	E
U	N	P	C	W	W	A	X	U	U	Z	D	Y	B	B	O	C	G	W	D	K	E	Q	S	Z
Q	F	J	C	Y	C	L	X	R	B	J	Q	U	U	C	E	X	E	L	M	X	C	I	Z	B
S	C	C	L	L	K	J	C	A	L	Q	X	L	J	W	E	I	V	A	J	Z	S	R	F	M
E	I	I	S	X	N	S	U	J	D	Q	Z	E	H	G	M	W	T	V	T	J	K	S	T	J
A	W	A	N	G	V	S	N	F	T	H	Z	T	N	U	Z	K	Q	Z	T	Z	C	I	K	G
Y	A	D	B	I	I	P	U	E	S	Z	W	I	K	K	L	N	A	T	I	V	I	T	Y	T
Q	W	F	X	S	N	E	A	P	E	M	G	D	O	U	V	T	K	Q	A	V	W	P	H	U
H	L	K	M	Y	C	S	F	Q	S	B	M	E	I	H	S	F	C	D	M	S	Z	D	Z	K
R	U	T	Z	D	E	Q	C	A	R	O	L	E	R	S	L	E	H	J	N	S	Q	N	D	N
S	J	F	D	L	N	B	J	J	D	G	D	U	O	Y	N	F	R	C	J	E	U	A	Q	A
U	Y	M	K	Y	S	N	F	U	P	R	C	W	O	C	K	V	I	J	D	C	T	T	I	D
K	D	T	B	D	E	I	I	V	V	D	Q	Z	O	G	E	O	S	W	M	R	R	I	G	V
Z	D	F	F	C	M	T	B	U	L	Z	I	C	P	I	E	G	T	Z	D	E	S	V	Q	E
S	P	P	U	I	A	D	F	P	S	J	G	E	W	F	N	W	M	W	D	T	Y	I	S	N
D	K	F	A	H	N	Z	U	A	H	S	H	M	H	T	Q	D	A	Q	R	S	V	T	Y	T
U	J	H	F	Q	H	O	Z	M	L	R	V	Y	V	I	O	T	S	W	B	A	X	Y	E	W
I	H	D	O	K	P	W	H	K	M	T	Q	O	W	N	U	J	T	N	V	N	C	J	I	R
R	B	V	B	F	P	X	A	S	D	Z	M	M	V	G	D	M	R	H	U	T	C	G	H	E
S	X	V	U	T	B	U	D	E	N	B	J	T	P	A	K	U	E	T	S	A	Y	Z	K	A
I	Y	O	J	Y	F	B	J	M	A	B	E	V	N	I	X	B	E	A	J	R	I	R	J	T
U	V	Y	P	B	D	S	R	B	G	H	R	E	S	Y	D	D	W	J	W	Q	M	C	X	H
Z	C	V	P	M	T	P	A	A	D	V	E	N	T	C	A	L	E	N	D	A	R	H	T	D
P	E	K	X	C	H	Q	A	G	D	O	Y	J	F	N	G	S	U	B	F	H	X	Y	E	H

7	9	3	4	2	6	5	8	1
5	4	6	1	7	8	2	9	3
8	1	2	9	3	5	4	6	7
3	6	5	2	1	9	7	4	8
2	7	9	8	5	4	1	3	6
4	8	1	7	6	3	9	5	2
9	2	8	6	4	7	3	1	5
6	3	7	5	9	1	8	2	4
1	5	4	3	8	2	6	7	9

3	8	6	2	1	9	4	5	7
5	1	4	8	6	7	3	2	9
9	2	7	4	3	5	1	8	6
7	6	2	1	4	3	8	9	5
8	5	1	9	7	2	6	3	4
4	9	3	6	5	8	7	1	2
1	7	8	5	9	4	2	6	3
2	4	5	3	8	6	9	7	1
6	3	9	7	2	1	5	4	8

Your name!

Who poops how?

131

9	3	1	4	5	7	8	2	6
5	4	6	1	2	8	3	9	7
8	7	2	3	6	9	4	1	5
4	1	9	6	3	5	2	7	8
6	2	8	7	4	1	9	5	3
3	5	7	9	8	2	6	4	1
1	8	4	2	7	6	5	3	9
7	6	3	5	9	4	1	8	2
2	9	5	8	1	3	7	6	4

8	2	3	4	6	9	5	7	1
7	6	9	5	2	1	8	3	4
4	5	1	8	7	3	9	6	2
1	7	6	9	4	2	3	8	5
2	8	5	3	1	7	4	9	6
9	3	4	6	5	8	1	2	7
3	4	7	2	9	5	6	1	8
5	1	8	7	3	6	2	4	9
6	9	2	1	8	4	7	5	3

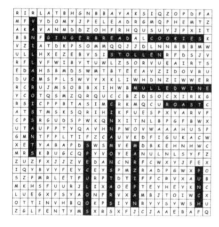

THE GREAT FLUSHING ADVENTURE.

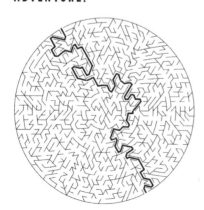

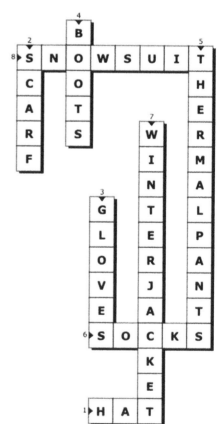

9	6	1	3	5	2	4	8	7
5	8	2	7	9	4	6	3	1
4	7	3	8	1	6	9	2	5
2	3	5	4	7	8	1	9	6
1	4	8	5	6	9	2	7	3
6	9	7	2	3	1	5	4	8
7	2	4	1	8	5	3	6	9
3	5	6	9	2	7	8	1	4
8	1	9	6	4	3	7	5	2

3	1	2	6	9	5	4	7	8
7	9	6	8	4	3	2	1	5
5	8	4	1	2	7	9	3	6
8	5	3	9	1	4	7	6	2
6	2	1	5	7	8	3	9	4
4	7	9	3	6	2	8	5	1
9	4	5	2	3	1	6	8	7
2	3	8	7	5	6	1	4	9
1	6	7	4	8	9	5	2	3

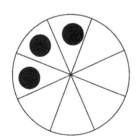

The balls always move
5 spaces forward.

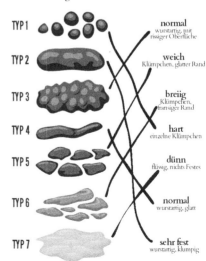

BRISTOL STOOL CHART
What fits together here? Connect

TYP 1	normal wurstartig, mit rissiger Oberfläche
TYP 2	weich Klümpchen, glatter Rand
TYP 3	breiig Klümpchen, transiger Rand
TYP 4	hart einzelne Klümpchen
TYP 5	dünn flüssig, nichts Festes
TYP 6	normal wurstartig, glatt
TYP 7	sehr fest wurstartig, klumpig

7	9	8	4	1	6	5	2	3
3	5	6	8	9	2	4	1	7
4	2	1	7	5	3	9	6	8
9	3	4	1	2	5	7	8	6
8	7	2	6	4	9	3	5	1
6	1	5	3	7	8	2	4	9
5	6	9	2	8	7	1	3	4
1	8	7	5	3	4	6	9	2
2	4	3	9	6	1	8	7	5

7	3	5	8	6	9	4	2	1
9	2	8	4	1	7	6	3	5
6	4	1	3	5	2	9	8	7
5	6	2	1	4	8	3	7	9
1	8	7	5	9	3	2	6	4
4	9	3	7	2	6	5	1	8
8	5	6	2	7	4	1	9	3
3	1	9	6	8	5	7	4	2
2	7	4	9	3	1	8	5	6

taSan usaCl	Santa Claus
heaDiarr	Diarrhea
entAdv theawr	Advent wreath
alinUr	Urinal
artF inemach	Fart machine
monaCinn	Cinnamon

THE FART HAS TO COME OUT.

3	2	9	7	6	5	1	4	8
7	4	1	3	2	8	9	5	6
5	8	6	1	4	9	3	7	2
6	1	5	9	8	4	2	3	7
8	9	3	5	7	2	6	1	4
2	7	4	6	1	3	5	8	9
9	5	7	4	3	6	8	2	1
4	6	2	8	5	1	7	9	3
1	3	8	2	9	7	4	6	5

2	7	9	6	5	1	3	8	4
4	6	3	9	7	8	1	2	5
1	5	8	4	2	3	7	6	9
3	4	6	2	1	7	9	5	8
7	8	5	3	9	6	4	1	2
9	2	1	8	4	5	6	3	7
6	3	7	5	8	9	2	4	1
8	9	2	1	3	4	5	7	6
5	1	4	7	6	2	8	9	3

1 forward, 2 back,
3 forward, 4 back,
5 forward, 6 back,
7 forward.

1	4	6	2	7	3	8	9	5
2	5	7	4	9	8	3	6	1
9	3	8	5	1	6	2	4	7
5	1	4	3	2	9	6	7	8
7	6	9	8	5	1	4	3	2
3	8	2	6	4	7	5	1	9
4	9	5	7	3	2	1	8	6
8	7	3	1	6	5	9	2	4
6	2	1	9	8	4	7	5	3

2	8	4	9	7	5	6	1	3
7	5	1	6	3	8	9	2	4
6	9	3	4	2	1	7	5	8
5	6	8	7	1	2	3	4	9
9	3	7	5	4	6	1	8	2
4	1	2	3	8	9	5	6	7
8	2	5	1	9	3	4	7	6
3	4	6	8	5	7	2	9	1
1	7	9	2	6	4	8	3	5

SWALLOWED?
WHO CAN FIND THE WAY OUT?

136

5	3	6	8	2	9	4	1	7
8	1	7	4	3	6	2	5	9
2	9	4	1	7	5	8	6	3
4	6	2	9	1	3	5	7	8
3	5	8	6	4	7	9	2	1
1	7	9	5	8	2	3	4	6
9	2	5	7	6	8	1	3	4
6	8	1	3	5	4	7	9	2
7	4	3	2	9	1	6	8	5

6	4	9	3	8	2	1	7	5
2	8	1	7	5	4	3	9	6
5	7	3	9	6	1	8	4	2
8	3	5	2	4	7	9	6	1
7	1	6	5	9	3	4	2	8
4	9	2	6	1	8	7	5	3
1	5	4	8	2	9	6	3	7
9	2	7	1	3	6	5	8	4
3	6	8	4	7	5	2	1	9

"Are you sleeping?"

137

7	2	8	9	6	4	3	1	5
3	6	5	8	7	1	2	4	9
9	1	4	3	5	2	7	8	6
4	7	1	5	3	9	6	2	8
6	5	9	4	2	8	1	3	7
2	8	3	7	1	6	5	9	4
1	4	7	6	9	3	8	5	2
8	3	6	2	4	5	9	7	1
5	9	2	1	8	7	4	6	3

7	4	2	9	5	6	3	8	1
5	3	9	8	1	7	2	4	6
8	1	6	2	4	3	9	5	7
4	6	7	5	3	2	8	1	9
3	8	1	4	6	9	7	2	5
9	2	5	1	7	8	6	3	4
1	9	8	7	2	4	5	6	3
2	5	3	6	9	1	4	7	8
6	7	4	3	8	5	1	9	2

usehoOut	Outhouse
lesCadn	Candles
masChrist eetr	Christmas tree
etilTo atse	Toilet seat
masChrist veE	Christmas Eve
tionpatiCons	Constipation

IN SEARCH OF
FRESH AIR.

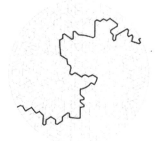

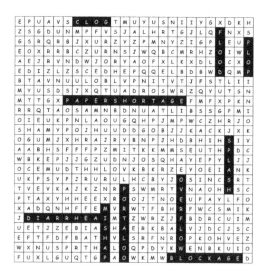

Grid 1

1	4	3	6	9	5	2	8	7
6	8	5	1	2	7	4	9	3
7	9	2	8	4	3	1	5	6
5	2	1	3	8	6	9	7	4
4	3	9	5	7	2	8	6	1
8	7	6	9	1	4	5	3	2
2	5	4	7	3	8	6	1	9
3	1	8	4	6	9	7	2	5
9	6	7	2	5	1	3	4	8

Grid 2

4	9	6	1	3	8	7	2	5
1	3	2	4	5	7	6	8	9
7	5	8	6	2	9	1	4	3
6	7	4	2	9	1	3	5	8
9	1	3	8	4	5	2	6	7
8	2	5	7	6	3	9	1	4
3	8	1	5	7	2	4	9	6
5	6	9	3	1	4	8	7	2
2	4	7	9	8	6	5	3	1

Grid 3

	1	●	●	3	●	2	1
	1	3	4	●	3	3	●
		1	●	2	2	●	3
		1	1	2	2	3	●
				1	●	2	1
		1	1	2	2	2	1
		1	●	1	1	●	2
			1	1	1	1	2	●

Grid 4

	1	●	1				
1	2	2	2	1	1	1	1
●	1	1	●	1	2	●	2
1	1	1	2	2	3	●	2
1	1	1	1	●	3	2	1
1	●	2	2	3	●	2	1
1	2	3	●	3	2	2	●
	1	●	3	●	1	1	1

LOGIC PUZZLE

8 black ones
10 white ones

8	4	5	3	6	7	1	9	2
6	3	2	1	4	9	7	8	5
9	1	7	2	5	8	3	4	6
5	7	6	9	8	4	2	3	1
3	2	4	6	7	1	8	5	9
1	8	9	5	2	3	4	6	7
7	9	1	4	3	6	5	2	8
2	6	3	8	1	5	9	7	4
4	5	8	7	9	2	6	1	3

2	6	7	3	4	8	1	5	9
8	1	5	7	9	2	6	4	3
9	4	3	1	5	6	2	8	7
6	8	9	2	3	1	5	7	4
3	5	1	8	7	4	9	6	2
7	2	4	9	6	5	3	1	8
4	9	6	5	2	7	8	3	1
1	7	2	6	8	3	4	9	5
5	3	8	4	1	9	7	2	6

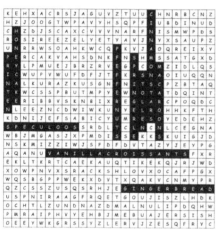

PIPIFAX

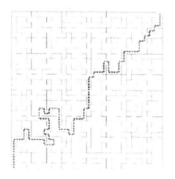

Sudoku 1

5	1	8	4	3	9	2	6	7
2	6	7	1	8	5	4	9	3
3	9	4	7	2	6	5	1	8
7	4	1	3	6	2	9	8	5
6	8	5	9	4	1	7	3	2
9	3	2	8	5	7	1	4	6
1	5	9	6	7	3	8	2	4
4	7	6	2	1	8	3	5	9
8	2	3	5	9	4	6	7	1

Sudoku 2

1	4	8	9	2	5	6	7	3
9	2	6	4	3	7	1	8	5
7	3	5	6	8	1	9	4	2
6	5	4	1	9	2	8	3	7
8	1	3	7	5	4	2	9	6
2	9	7	3	6	8	4	5	1
4	8	2	5	1	3	7	6	9
5	6	1	8	7	9	3	2	4
3	7	9	2	4	6	5	1	8

Minesweeper 1

1	2	💣	💣	1	1	1	1
💣	2	2	3	2	2	💣	1
1	1	1	3	💣	4	3	2
		1	💣	💣	💣	2	💣
		1	3	4	3	2	1
			1	💣	1		
			1	1	1		

Minesweeper 2

1	1			1	💣	1	
💣	1	1	2	4	3	2	
2	2	1	💣	💣	💣	1	
💣	3	3	3	3	2	1	
2	💣	💣	2	1			
1	2	3	💣	1			
1	1	2	2	2	2	1	1
1	💣	1	1	💣	2	💣	1

LOGIC PUZZLE:

15

13

6	9	5	2	4	7	3	1	8
2	8	4	6	1	3	5	7	9
3	1	7	8	5	9	6	4	2
8	2	6	5	9	1	7	3	4
7	5	1	4	3	8	2	9	6
4	3	9	7	6	2	1	8	5
9	7	2	3	8	5	4	6	1
1	4	3	9	2	6	8	5	7
5	6	8	1	7	4	9	2	3

8	4	7	2	6	9	3	5	1
1	9	3	5	4	8	2	7	6
2	5	6	7	3	1	4	9	8
6	3	1	8	9	2	5	4	7
9	7	2	1	5	4	6	8	3
4	8	5	3	7	6	9	1	2
3	1	4	9	2	7	8	6	5
5	6	8	4	1	3	7	2	9
7	2	9	6	8	5	1	3	4

eahrrDia — Diarrhea

ckerNutcra — Nutcracker

letToi erppa — Toilet paper

vityNati neesc — Nativity scene

lePi — Pile

eerdeinR — Reindeer

LABYRINTH OF THE SEWER HEROES

6	5	4	7	3	9	8	2	1
2	8	3	5	4	1	9	7	6
9	1	7	8	2	6	4	3	5
1	3	9	4	7	8	6	5	2
4	7	2	9	6	5	1	8	3
5	6	8	2	1	3	7	9	4
8	9	6	3	5	4	2	1	7
7	4	5	1	9	2	3	6	8
3	2	1	6	8	7	5	4	9

5	8	6	4	3	7	9	2	1
2	7	1	9	8	6	5	4	3
9	4	3	2	5	1	6	7	8
8	6	7	3	1	2	4	5	9
1	5	2	8	9	4	7	3	6
3	9	4	7	6	5	8	1	2
6	2	5	1	4	9	3	8	7
4	1	8	6	7	3	2	9	5
7	3	9	5	2	8	1	6	4

💣	2	💣	2	2	1	1	
1	2	2	💣	2	💣	1	
		2	2	4	2	3	1
		1	💣	2	💣	3	💣
1	1	1	1	2	2	💣	2
💣	1				1	1	1
2	2	1	1	1	2	1	1
1	💣	1	1	💣	2	💣	1

			1	💣	1			
			1	1	1			
1	2	2	2	1		1	1	1
💣	3	💣	💣	1		1	💣	1
💣	3	2	3	2	1	1	1	1
1	2	1	3	💣	2			
	1	💣	3	💣	2			
	1	1	2	1	1			
1	1	1						
1	💣	1						

a water
melon

143

5	4	2	9	1	7	6	3	8
6	1	8	3	5	2	9	4	7
9	7	3	6	8	4	1	5	2
3	5	6	7	2	1	8	9	4
4	9	1	8	6	3	2	7	5
8	2	7	4	9	5	3	1	6
2	3	5	1	4	6	7	8	9
7	8	4	2	3	9	5	6	1
1	6	9	5	7	8	4	2	3

6	3	7	9	8	5	4	2	1
9	4	2	1	6	7	8	3	5
5	1	8	2	3	4	9	7	6
2	5	1	3	9	8	7	6	4
7	9	3	5	4	6	2	1	8
8	6	4	7	1	2	5	9	3
4	7	6	8	2	1	3	5	9
1	2	9	4	5	3	6	8	7
3	8	5	6	7	9	1	4	2

DER PUPS-PARCOURS

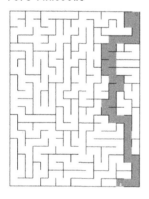

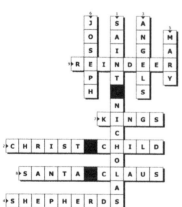

Hidden words in the word search: ECO TOILET, COMPOST TOILET, URINAL, OUTHOUSE

Crossword:
- 6 down: JOSEPH
- 1 down: SAINTS
- 3 down: ANGELS
- 5 down: MARY
- 9 across: REINDEER
- 7 across: KINGS
- 2 across: CHRIST CHILD
- 8 across: SANTA CLAUS
- 4 across: SHEPHERDS

Grid 1

1	2	4	9	3	8	7	5	6
3	6	7	5	1	2	8	9	4
5	8	9	7	6	4	3	2	1
7	4	3	8	5	9	6	1	2
6	5	2	3	4	1	9	7	8
9	1	8	2	7	6	4	3	5
4	3	6	1	2	7	5	8	9
2	9	5	4	8	3	1	6	7
8	7	1	6	9	5	2	4	3

Grid 2

4	9	7	2	5	8	1	6	3
2	8	3	1	6	4	7	9	5
1	6	5	7	3	9	8	4	2
8	5	6	9	1	7	2	3	4
7	1	2	3	4	5	9	8	6
9	3	4	8	2	6	5	1	7
5	4	9	6	7	1	3	2	8
3	7	8	4	9	2	6	5	1
6	2	1	5	8	3	4	7	9

LOGIC PUZZLE:

2	5	6	1	8	4	7	3	9
9	7	4	5	3	6	8	2	1
8	3	1	9	7	2	5	6	4
1	2	9	3	4	8	6	5	7
3	6	8	7	5	1	9	4	2
7	4	5	6	2	9	1	8	3
6	8	7	4	1	3	2	9	5
4	1	2	8	9	5	3	7	6
5	9	3	2	6	7	4	1	8

6	5	8	3	1	7	9	2	4
3	2	1	4	5	9	6	7	8
7	9	4	8	6	2	1	3	5
2	1	3	7	9	8	5	4	6
4	6	5	2	3	1	8	9	7
9	8	7	5	4	6	2	1	3
5	7	9	1	8	4	3	6	2
8	4	6	9	2	3	7	5	1
1	3	2	6	7	5	4	8	9

todgoH	Hotdog
tsvenAd erndeCal	Advents Calender
tsifG	Gifts
rtaF yob	Fart boy
looscuSpe	Speculoos
tarF eldu	Fart duel

IN THE CONFUSION OF PIPES.

7	6	1	2	5	3	9	4	8
3	2	5	4	9	8	1	7	6
8	4	9	6	7	1	2	3	5
4	5	3	8	1	9	6	2	7
6	1	8	7	2	5	3	9	4
2	9	7	3	4	6	5	8	1
9	7	4	1	6	2	8	5	3
5	8	6	9	3	4	7	1	2
1	3	2	5	8	7	4	6	9

3	1	8	2	9	4	6	5	7
4	9	2	7	5	6	3	1	8
5	7	6	1	8	3	2	4	9
1	6	9	5	3	7	4	8	2
7	8	5	4	2	1	9	3	6
2	4	3	9	6	8	5	7	1
9	2	7	8	4	5	1	6	3
8	3	4	6	1	9	7	2	5
6	5	1	3	7	2	8	9	4

LOGIC PUZZLE:
6 squares with a circle.

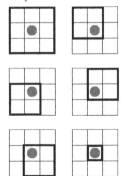

4	5	6	2	9	8	1	7	3
9	8	1	3	7	5	6	2	4
7	3	2	4	1	6	9	5	8
6	1	4	9	8	2	5	3	7
8	7	9	1	5	3	4	6	2
5	2	3	7	6	4	8	1	9
2	6	5	8	3	9	7	4	1
1	4	8	6	2	7	3	9	5
3	9	7	5	4	1	2	8	6

2	8	1	5	3	7	6	9	4
7	9	4	2	6	1	3	8	5
3	5	6	8	4	9	7	2	1
6	2	5	1	8	4	9	7	3
8	4	7	3	9	6	5	1	2
9	1	3	7	2	5	4	6	8
1	3	9	4	7	2	8	5	6
5	7	8	6	1	3	2	4	9
4	6	2	9	5	8	1	3	7

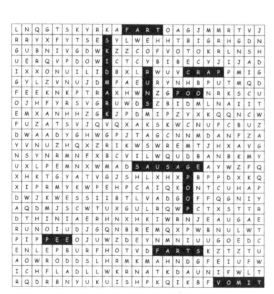

WRONG PATHS AND DETOURS.

Grid 1

1	7	6	3	9	2	8	5	4
8	9	4	7	5	1	3	2	6
5	3	2	4	6	8	7	9	1
4	2	1	8	7	9	6	3	5
9	8	3	6	2	5	1	4	7
6	5	7	1	4	3	2	8	9
7	4	9	2	3	6	5	1	8
3	6	8	5	1	4	9	7	2
2	1	5	9	8	7	4	6	3

Grid 2

9	7	2	6	8	5	4	1	3
3	1	8	4	2	9	7	6	5
5	4	6	7	1	3	2	9	8
8	9	4	1	5	2	6	3	7
1	3	5	8	6	7	9	4	2
6	2	7	3	9	4	5	8	1
7	6	3	5	4	8	1	2	9
4	5	9	2	3	1	8	7	6
2	8	1	9	7	6	3	5	4

Grid 3 (• = bomb)

	1	1	1						
	1	•	1	1	2	2	1		
	1	2	2	3	•	•	1		
		1	•	3	•	3	1		
		1	1	2	1	1	1	1	
		1	2	2	1			1	•
		1	•	•	1			1	1
1	2	2	3	3	2	1			
•	2	•	1	1	•	1			

Grid 4 (• = bomb)

							1	•	1
					1	1	2	1	1
					1	•	3	2	1
			1	1	2	2	•	•	1
	1	2	•	1	1	2	2	1	
	1	•	2	1				1	1
1	3	2	2					2	•
•	2	•	1					2	•
1	2	1	1					1	1

the letter "E"

149

21

7	5	4	8	3	1	9	6	2
2	8	1	9	7	6	3	4	5
9	3	6	5	2	4	7	8	1
4	2	9	3	8	5	1	7	6
5	6	7	2	1	9	8	3	4
8	1	3	4	6	7	5	2	9
6	9	8	7	5	2	4	1	3
3	4	2	1	9	8	6	5	7
1	7	5	6	4	3	2	9	8

1	8	5	4	7	3	6	9	2
3	4	6	8	2	9	1	5	7
7	9	2	1	5	6	3	4	8
5	2	7	6	8	4	9	3	1
4	6	9	3	1	7	2	8	5
8	3	1	2	9	5	7	6	4
9	5	8	7	6	1	4	2	3
2	1	4	9	3	8	5	7	6
6	7	3	5	4	2	8	1	9

anmnowS — Snowman

inkSt bmbo — Stink bomb

onteSll — Stollen

tarF yob — Fart boy

ytvitiNa aypl — Nativity play

nyRun popo — Runny poop

**THE BIG BUSINESS –
LOST IN THE MAZE**

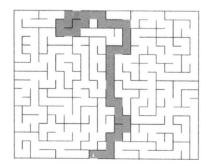

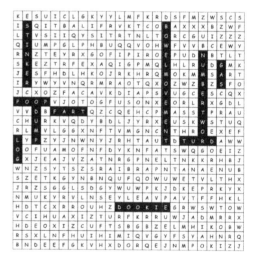

5	4	3	8	2	9	1	6	7
6	1	9	7	5	4	8	3	2
7	8	2	6	1	3	5	4	9
2	3	7	5	9	1	4	8	6
8	9	5	4	3	6	2	7	1
4	6	1	2	7	8	3	9	5
1	7	8	3	6	5	9	2	4
9	2	4	1	8	7	6	5	3
3	5	6	9	4	2	7	1	8

3	4	1	6	7	9	8	5	2
2	8	9	5	1	3	7	4	6
6	5	7	2	8	4	1	3	9
1	3	4	8	6	2	5	9	7
7	2	8	1	9	5	4	6	3
9	6	5	4	3	7	2	8	1
8	7	6	3	5	1	9	2	4
5	9	2	7	4	6	3	1	8
4	1	3	9	2	8	6	7	5

2	●	1			1	●		1
●	2	1			2	2	2	
1	1	1	1	1	1	●		1
		1	●	1	1	2	2	1
		1	2	3	2	2	●	1
1	1		1	●	●	2	1	1
●	2		2	3	3	1		
●	2		1	●	1			
1	1		1	1	1			

					1	●	●	1	1	●
					1	2	3	3	3	2
						1	●	●		1
						2	3	3		1
						1	●		2	1
1	1	1				1	1	2	●
1	●	2	1	1				1	1
1	1	2	●	1					
	1	1	2	1	1				
				1	●	1			

23

1	2	4	6	8	7	9	3	5
5	7	8	9	3	4	6	1	2
3	6	9	2	5	1	8	7	4
6	8	7	3	1	2	4	5	9
4	9	3	5	7	6	1	2	8
2	5	1	8	4	9	7	6	3
9	4	5	1	6	3	2	8	7
7	3	6	4	2	8	5	9	1
8	1	2	7	9	5	3	4	6

9	4	1	3	5	6	7	8	2
6	3	8	7	4	2	5	9	1
7	2	5	8	1	9	3	6	4
2	8	9	5	7	3	4	1	6
1	5	3	4	6	8	9	2	7
4	6	7	9	2	1	8	3	5
3	1	4	6	8	7	2	5	9
5	9	2	1	3	4	6	7	8
8	7	6	2	9	5	1	4	3

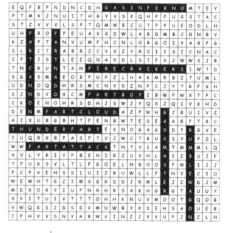

CHRISTMAS MIRACLE MAZE.

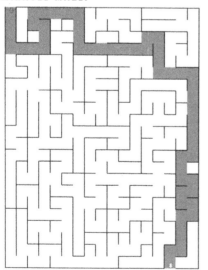

1	8	9	4	2	6	7	3	5
5	6	7	3	1	9	2	8	4
2	3	4	7	5	8	1	9	6
9	2	5	6	8	7	4	1	3
3	1	8	5	4	2	6	7	9
7	4	6	1	9	3	8	5	2
4	5	3	2	7	1	9	6	8
6	9	1	8	3	4	5	2	7
8	7	2	9	6	5	3	4	1

3	8	6	1	5	9	7	2	4
4	1	9	2	7	3	8	6	5
7	5	2	4	8	6	1	9	3
5	6	4	7	3	1	2	8	9
1	2	3	8	9	5	4	7	6
8	9	7	6	4	2	3	5	1
6	7	8	9	1	4	5	3	2
9	4	5	3	2	7	6	1	8
2	3	1	5	6	8	9	4	7

LOGIC PUZZLE:

9

THE JOY OF CHRISTMAS GIFTS.

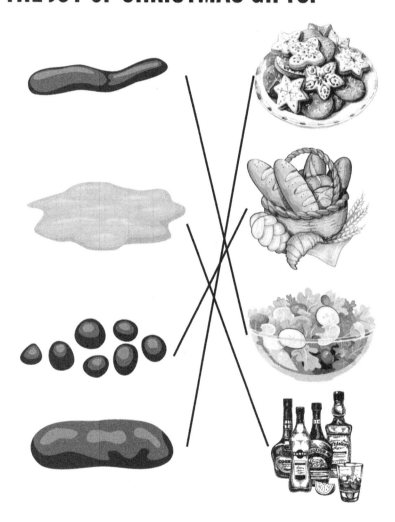

Imprint

English-language first edition September 2024.

Philipp Mueller is represented by:
Tikva Verlag GmbH
Schillerstraße 26
79183 Waldkirch
Germany

I welcome questions, suggestions, and feedback at:
philipp@tikva-verlag.de

Feel free to leave me a review on Amazon.

Made in the USA
Las Vegas, NV
22 November 2024

12414631R00085